21世纪纺织品新进展丛书

服装市场调研与预测

田丙强　胡守忠　曲洪建　编著

FUZHUANG SHICHANG DIAOYAN YU YUCE

化学工业出版社
·北京·

本书从服装市场调研概述，服装市场调研方案设计，服装市场调研方法，服装市场抽样调查，服装市场调研资料的分析，服装市场预测概述，服装市场定性预测法，服装市场定量预测法，服装市场调研与预测报告的撰写、沟通和评价，大数据引发的思维变革10个方面，既阐述了市场调查和预测的基本理论、知识及方法，又用实际案例进行了印证，突出了专业知识内容与职业定向性的有机联系。

图书在版编目（CIP）数据

服装市场调研与预测/田丙强，胡守忠，曲洪建编著. —北京：化学工业出版社，2019.11
（21世纪纺织品新进展丛书）
ISBN 978-7-122-35131-9

Ⅰ.①服… Ⅱ.①田…②胡…③曲… Ⅲ.①服装市场-市场调研-研究②服装市场-市场预测-研究 Ⅳ.①F768.3

中国版本图书馆CIP数据核字（2019）第191545号

责任编辑：张　彦　　装帧设计：张　辉
责任校对：宋　夏

出版发行：化学工业出版社（北京市东城区青年湖南街13号　邮政编码100011）
印　　装：三河市延风印装有限公司
710mm×1000mm　1/16　印张12　字数209千字　2019年11月北京第1版第1次印刷

购书咨询：010-64518888　　售后服务：010-64518899
网　　址：http://www.cip.com.cn
凡购买本书，如有缺损质量问题，本社销售中心负责调换。

定　价：58.00元

前言

为适应我国高等教育实践能力培养模式的发展需要，本着以培养全面素质为基础，以能力为本位，以就业为导向的指导思想，按照理论与实践相结合培养目标的要求，我们编写了《服装市场调研与预测》一书。本书以职业能力培养为基础，以基本技能培养为主线，以专业理论知识为指导，精简专业理论知识，以实用、够用为目的，强化应用，把理论知识和实践技能有机结合起来进行阐述。

本书坚持理论联系实际，由浅入深，按照市场调查与预测工作的实际运作过程展开。全书共分 10 章，第 1 章服装市场调研概述；第 2 章服装市场调研方案设计；第 3 章服装市场调研方法；第 4 章服装市场抽样调查；第 5 章服装市场调研资料的分析；第 6 章服装市场预测概述；第 7 章服装市场定性预测法；第 8 章服装市场定量预测法；第 9 章服装市场调研与预测报告的撰写、沟通和评价；第 10 章大数据引发的思维变革。

本书在内容组织和撰写方式上力求体现科学性、实用性、先进性和新颖性的统一，突出传授基本理论知识和培养市场调研能力相结合。本书既注重阐述市场调查和预测的基本理论、知识及方法，又注重用实际案例阐述和印证市场调查与预测的方法。本书简单易懂，与适应时代发展需要相结合，既继承传统，又打破传统，吸收国内外市场调查和市场预测研究与实践的最新成果。

本书在编写过程中，得到了许多专家、老师的指导，在此表示衷心感谢。此外，在编写过程中，除参考、选取了列举于书后的“参考文献”外，还参考或引用了其他的著述、书报刊物和来自网上的文章、案例等，由于篇幅所限，未能一一注明，在此向已注明和未注明的作者一并表示诚挚的感谢。

由于我们编写水平有限，书中疏漏在所难免，恳请同行专家及读者批评指正。

编著者

2019 年 9 月

目录

第1章 服装市场调研概述

第2章 服装市场调研方案设计

第3章 服装市场调研方法

第4章 服装市场抽样调查

第5章 服装市场调研资料的分析

第1章　服装市场调研概述

1.1　服装市场调研与现代市场经济

服装市场是服装商品经济的产物，哪里有服装商品、哪里有服装商品交换，哪里就有服装市场。在现代市场经济条件下，服装企业作为纺织服装行业的主体，必然处于竞争日益激烈的市场环境中。然而，如何在优胜劣汰、适者生存的竞争条件下得以生存和发展，是目前每个纺织服装企业所面临的重大问题。熟悉市场环境，充分了解、认识市场现状是服装企业发展的基础。

1.1.1　服装市场调研

服装市场调研是以服装市场为对象，通过运用科学的方法，有计划、有组织、有目的地，系统、全面、及时地收集、整理、分析和研究有关服装市场信息。

服装市场调研的目的是把握目标市场需求的发展趋势，提出解决问题的建议，作为服装企业市场预测和经营决策的依据。它是服装企业开展经营活动的前提。

1.1.2　现代市场经济

纺织服装企业想要有效开展市场调研与预测工作，首先必须对现代市场经济进行全面认识和了解，经归纳总结，从服装交换场所、经济学和营销管理学角度去理解现代市场经济。

1. 从交换场所视角

服装商品交换已不再局限于商品经济不发达时期的在某一固定场所或地点进行交易。目前服装市场不仅包括贸易中心、专卖店、百货大厦、批发市场等，电脑网购、手机网购这种虚拟平台交易也已成为国内外众多网民热衷的服装消费方式。

2. 从经济学角度

现代市场经济是各个市场主体之间交换关系及全部经济关系的总和。在现代市场经济条件下，所有商品生产者、经营者、消费者或其他各类经济主体都必须从事交换活动，发生经济联系，实现各自利益。服装企业作为行业市场活动的主体之一，必须兼顾各类主体的经济利益关系。

3. 从营销学角度

服装消费市场是由对服装具有特定需求和欲望，并能通过交换来满足自身欲望的消费者和潜在消费者组成的。在现代市场经济条件下，服装消费需求更集中体现了现代市场的本质特征。了解服装消费者的市场需求是纺织服装企业有效开展市场营销活动的基础。

1.1.3 服装市场分类

服装市场从不同角度具有不同的划分方式，具体如下。

1. 按销售渠道划分

可分为百货大厦、超级大卖场、品牌专卖店、贸易中心、批发市场、超市等。

2. 按空间范围划分

可分为国际外贸市场、全国性市场、地区性市场（东北地区、华东地区、西南地区等)、城镇市场、农村市场、山区市场等。

3. 按交换内容划分

可分为普通服装商品市场、服装技术市场、服装人才市场、服装定制市场等。

4. 按商品用途划分

可分为一般消费品市场和生产市场。一般消费品市场包括常规性纺织服装、功能性纺织服装；生产市场包括辅料市场、配饰市场、面料市场等。

5. 按市场竞争和垄断程度划分

可分为完全竞争市场、垄断竞争市场、寡头垄断市场和完全垄断市场等。

1.2　服装市场调研的作用、类型和程序

1.2.1　服装市场调研的作用

1. 服装市场调研有利于服装企业进行准确的市场定位

服装市场定位是指服装企业根据现有产品在市场上所处的位置，针对服装消费者对该企业服装产品的某种物理属性、功能属性、差异化属性的重视程度，强有力的塑造出与其他服装品牌不同的、能够给人留下深刻印象、个性鲜明的形象，并通过某种方式将这种特有的形象传递给消费者。在进行准确的市场定位前，服装企业必须充分了解目前服装市场需求和营销环境等外部条件，以及企业自身经营资源和能力等内部条件。能否进行准确的市场定位，直接影响着企业的生存发展。一般市场定位包括以下几个步骤。

（1）外部环境分析。

（2）内部核心竞争优势分析。

（3）潜在竞争优势分析。

（4）市场细分。

（5）选择目标市场。

（6）制定战略。

（7）产品定位。

服装市场调研对服装企业能否进行准确的市场定位起着关键作用，调研获得的有用信息越多，越能帮助企业准确定位。

2. 服装市场调研有利于为服装企业经营决策提供依据

对于服装企业来讲，要想占领市场并获得理想效果，必须依赖于正确的行动、方针、方案及竞争方式，即企业的经营决策。服装市场营销是一个竞技场，每一个参与企业都必须拥有自己正确的产品战略、价格战略、销售渠道战略、促销活动战略，才能在市场竞争中立于不败之地，才能生存和发展。除了目标营销战略外，服装企业还必须花费大量精力制定实施服装市场扩张、营销组合、国际营销等战略决策。行之有效的经营决策要以服装市场调研为前提，通过服装市场调研了解和掌握服装市场现状及其影响因素，了解服装企业自身的有利资源、经营范围以及各种市场机会，为服装企业实施正确的产品策略、价格策略、渠道策略以及促销策略提供

可靠的依据。

3. 服装市场调研有利于服装企业开拓市场，开发新产品

服装产品销售周期短，具有很明显的季节性，某一品牌不可能永远保持销售旺势，要想吸引消费者眼球，就不能安于现状，要不断开发新产品，开拓新市场。服装企业的产品开发包括服装款式设计、色彩搭配、包装设计、产品组合等一系列活动及策略。产品策略恰当与否，直接影响和制约产品能否取得较好经济效益，满足消费需求。通过市场调研，服装企业不仅可以把握市场发展趋势，了解服装产品生命周期，掌握服装市场消费需求特点，还能获取其他服装企业的产品策略、产品特征等服装市场信息，为服装企业制定下一步产品策略提供参考。

4. 服装市场调研有利于服装企业在竞争中占据有利地位

“知己知彼，方能百战百胜”，服装企业要想在竞争日益激烈的现代市场环境中脱颖而出，占据稳固市场地位，就必须通过市场调研，了解服装企业自身及竞争对手的市场占有率，分析竞争对手的服装款式、面料、功能、质量、价格、销售渠道、促销等经营策略。通过掌握竞争对手的产品优势、经营力量、渠道优势等，加以借鉴，有针对性地调整、制定本企业的市场竞争策略。另外，服装行业具有快时尚的特性，因此需要不断地进行调研，了解市场动态，跟上快时尚的步伐，才能在市场竞争中占据优势，立于不败之地。

5. 服装市场调研有利于企业评估、检测市场运营情况

在服装企业市场运营的整个过程中，往往会出现许多意想不到的情况，这将直接影响到服装产品的市场表现。产品能否占领市场，得到消费者认可，要求服装企业必须通过服装市场调研及时了解产品市场现状以及竞争现状，对服装企业目前所处的市场地位进行评估监测，及时发现市场运营过程中的不足与问题，如果发现服装产品目前的市场营销计划不能满足消费需求，要及时分析原因，并作出相应调整，避免做无用功，浪费资源，甚至给竞争对手创造更多机会。

1.2.2 服装市场调研的类型

服装市场调研按照不同标准可以有多种分类方法，每一种方法都有其优势与局限性，服装企业必须根据自身的实际情况，选择合适的服装市场调研方法，获取有用的市场信息。服装市场调研的类型如图 1-1 所示。

1. 按调研性质分类

服装市场调研按性质不同分为探索性市场调研、描述性市场调研、因果关系市

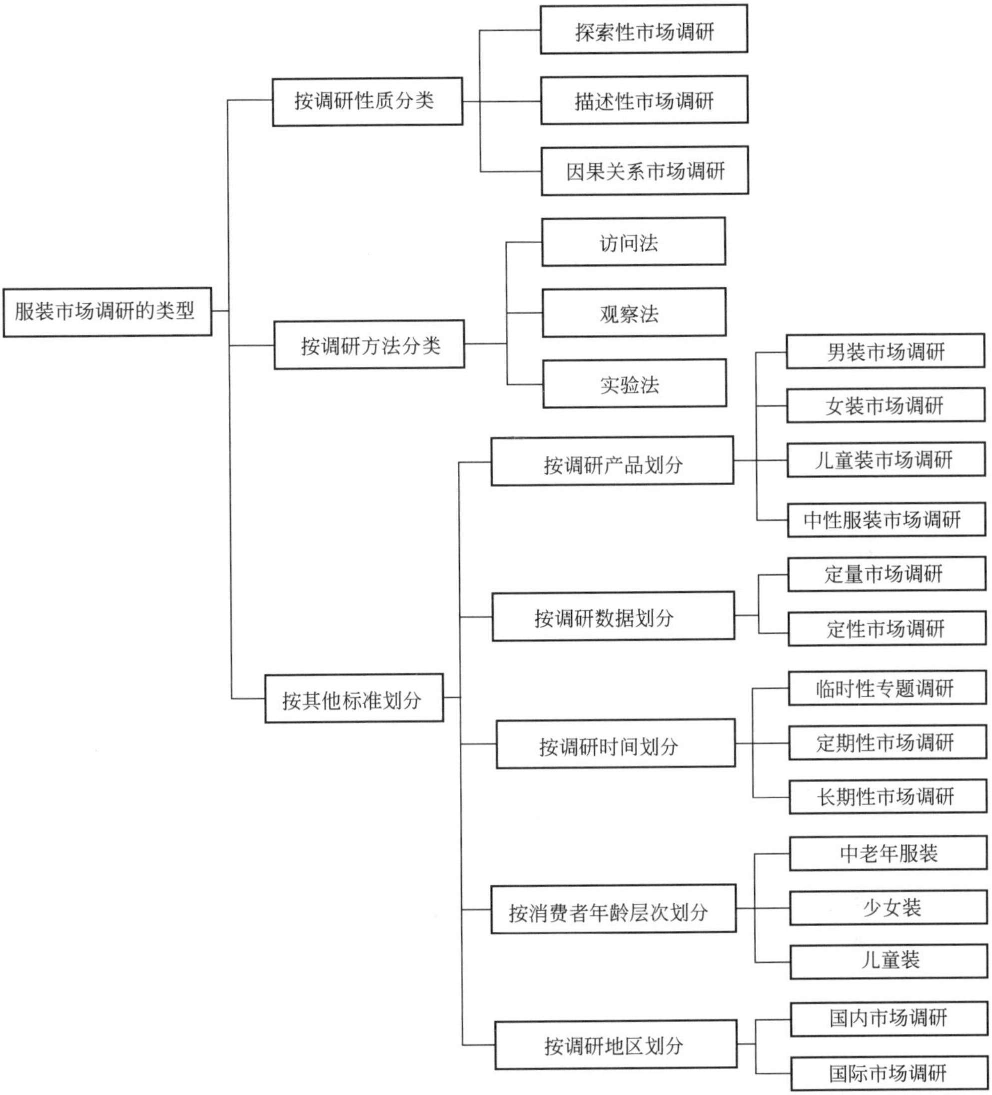

图 1-1　服装市场调研的类型

场调研。

（1）探索性市场调研。探索性市场调研又叫非正式调研，是一种试探性调研。

探索性调研，是指当问题或研究范围不明确时所采用的一种方法。探索性调研主要用来发现问题、界定问题性质或寻找市场机会，为组织正式调研提供内容和范围依据。如服装产品销量下降，可能是款式问题、色彩问题、价格问题、店面陈列问题，也可能是消费者需求变化问题。但究竟是什么问题，光凭猜测是不行的，必须深入实际，采用试点调查、专家咨询、座谈等方法初步了解存在的问题。

探索性调研一般是暂时性的、试验性的，主要解决“要做什么”的问题。

（2）描述性市场调研。描述性市场调研，是对已确定的调研问题，按照调研方案进行资料搜集、甄别、整理、汇总，做更深入、全面的分析，对市场调研情况如实地加以描述和反映。服装描述性市场调研内容如：服装消费者年龄、收入水平、社会地位分布；服装消费者习惯购买的时间、地点；服装消费者喜好通过什么方法进行购买；服装消费者对某一品牌服装的忠诚程度；某地区服装零售销量多少等。

描述性市场调研比探索性市场调研更深入细致，一般可用于服装市场占有率调查、竞争状况调查、消费者行为及需求调查等方面，解决“是什么”的问题。

（3）因果关系市场调研。因果关系调研，是对导致调研对象产生问题或发生变化的外在因素和内在原因的相互关联和制约关系的研究，对各因素间的因果关系、主从关系、自变量与因变量关系进行定量和定性分析，总结何为因，何为果。例如，为什么耐克运动服能够成为世界畅销品牌？为什么某一服装品牌市场占有率比去年下降15%？为什么越来越多年轻消费者喜欢网购服装？为什么同一连锁品牌某地区销量不如另一地区？等等。通过因果关系市场调研，就可以弄清楚问题发生的前因后果，以便企业对症下药。

服装因果关系调研是在描述性市场调研的基础上，找出出现某种现象、发生某种问题的原因和结果，回答“为什么”的问题。

2. 按调研方法分类

（1）访问法。访问法是指通过询问的方式向被调研对象了解服装市场状况的一种调研方法。常用的访问法有面谈调查，是指调研小组当面咨询被调查对象，询问有关服装营销活动的有关问题；电话调查，是指对调研人员依据调研样本范围，通过电话咨询的方式向被调查者了解服装市场经营相关情况；邮寄调查，是指将事先设计好的调研问卷邮寄给被调研对象，请其按照规定要求填写完整后再邮寄回来的一种调研方式；网络调查，是借助于互联网将事先设计好的问卷发布出去，通过互联网收集服装市场营销信息的一种调研方式。询问法是最常用的一种调研方法，例如，通过采用询问法了解消费者对服装产品款式、花色、种类、价格、销售渠道等方面的意见。

（2）观察法。观察法是对服装市场实况及消费者行为的一种直接观测方法。观察法可分为自然观察与模拟观察、直接观察与间接观察、公开观察与非公开观察、结构观察与非结构观察、人员观察与仪器观察。观察法最大的优势在于具有直观性和可靠性，收集到的一手资料能够较真实地反映客观事实，另外调查实施比较简单、易操作，只要选择好合适的时间地点，便可直接进行观察。然而观察法也存在一些弊端，最大的弊端在于只能观察服装消费市场问题的现状，不能深入了解产生问题的原因，另外，调研时间长、成本高，要求调研小组成员具有较敏锐的洞察力。观察法也是常用的一种调研方法，例如，通过采用观察法分析消费者对某一款服装的行为表现、服装商业区的客流量、服装店铺陈列、服装消费对象年龄层次、服装价格范围等。

（3）实验法。实验法是指通过实验对比，收集市场信息资料的一种调研方法。实验调查法通常用来改变某些因素（自变量），测量对其他因素（因变量）的营销。在进行实验前，首先要确定实验目的，然后选择实验对象，确定实验方法，控制实验环境，开始实验，最后分析实验结果。实验法市场调研的优点在于能够揭示市场变量间的因果关系，发现市场变化的主要原因，并能够分析各因素间的影响关系，实验法能够提升服装市场调研的精确度，但调研过程中影响市场变化的可变因素难以掌控，调研时间长、风险大，且费用高。主要的实验法有市场反应实验，例如，将同一产品投放在两个不同购买力水平、销售类型的细分市场，然后对比分析市场反应，了解不同细分市场对该产品的接受情况；新产品投放实验，如将某一高新技术服装产品投放到某一市场，对消费者的反应进行测试；还有市场饱和度实验、广告效果实验、市场营销组合实验等。

3. 按其他标准划分

（1）按调研产品划分。服装市场调研按调研产品可分为：男装市场调研、女装市场调研、儿童装市场调研、中性服装市场调研。

（2）按调研数据划分。服装市场调研按调研数据可分为：定量市场调研和定性市场调研。

（3）按调研时间划分。服装市场调研按调研时间可分为：临时性专题调研、定期性市场调研、长期性市场调研。

（4）按消费者年龄层次划分。服装市场调研按消费者年龄层次可分为：中老年服装、少女装、儿童装。

（5）按调研地区划分。服装市场调研按调研地区可分为：国内市场调研、国际市场调研。国内市场调研又可细分为全国性调研、地方性调研和局部性调研。

1.2.3　服装市场调研的程序

服装市场调研程序是指从调研准备到调研结束整个工作过程的具体步骤，有目的性、系统科学的调研程序能够提高工作质量与效率，为决策者更好地提供决策信息。服装市场调研全过程可以分为调研准备、调研实施和调研分析、总结三个阶段，每一阶段具体细分步骤如图 1-2 所示。

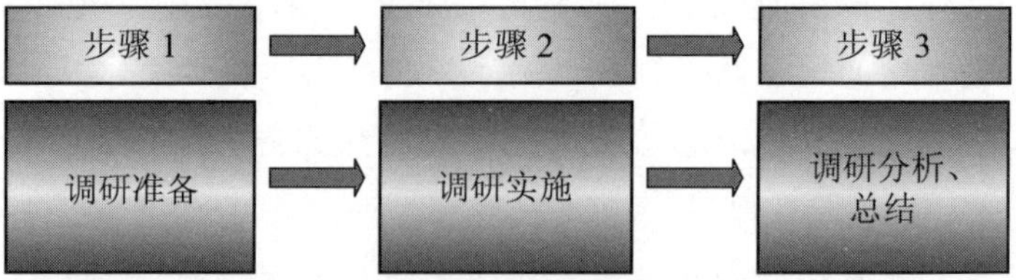

图 1-2　服装市场调研主要步骤

服装市场调研程序如图 1-3 所示。

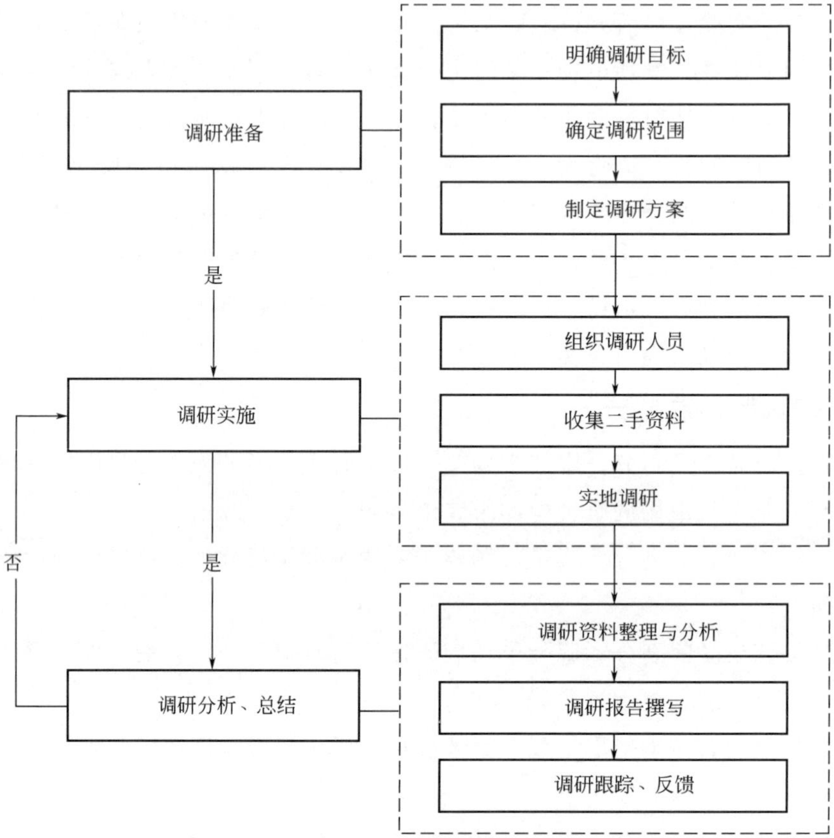

图 1-3　服装市场调研程序

调研准备：明确调研目标—确定调研范围—制定调研方案。

调研实施：组织调研人员—收集二手资料—实地调研。

调研分析、总结：调研资料整理与分析—调研报告撰写—调研跟踪、反馈。

1. 服装市场调研准备阶段

服装市场调研准备阶段是调研工作的开端，良好的开端是成功的一半，准备工作是否充分对调研实施及结果获取具有直接的影响。调研准备阶段主要为明确调研目标，确定调研任务及范围，组织调研力量，制定调研方案。具体如下。

（1）明确调研目标。调查人员在开展服装市场调查之前，必须明确需要调研的问题，有什么目的与要求。例如，根据服装企业在市场经营过程中遇到的销量问题、促销问题、市场需求问题，提出课题的调研目标。

（2）确定调研范围。有了调研目标后，由于受到人力、财力资源的限制，调研工作的实施不可能是无止境的，调研小组必须根据调研目标明确调研范围，将调研工作规划在某一可行的范围内，有目的、有计划地展开工作。服装市场调研范围一般包括市场动态调研、企业经营状况调研、消费者需求调研等。

（3）制定调研方案。对服装市场调研目标、调研范围进行分析研究后，正式展开调研前，还需制定一份完整、系统的调研方案。

服装市场调研方案是对某项调研工作的设计，目的是为了指导调研小组有目的、有组织、有计划地进行调研工作，作为整个调研过程的重要实施依据。调研方案设计内容包括以下方面。

① 为完成调研目标，需要对哪些对象进行调研，获取哪些信息。

② 采取什么方法获取调研信息，获取信息的时间、地点。

③ 如何对调研数据及获得的信息进行统计分析。

④ 调研经费预算及调研人员、调研进度安排。

⑤ 调研结果呈现形式，及如何进行反馈、沟通。

2. 服装市场调研实施阶段

服装市场调研实施这一阶段是整个调研工作最关键的阶段，其主要任务是组织调研人员按照调研方案的要求对调研对象进行切实深入的调研，系统科学地收集所需资料和数据。这一阶段的具体步骤为：组织调研人员、收集二手资料、实地调研。

（1）组织调研人员。服装市场调研应根据调研任务及调研规模的大小，配备调研人员，并对调研人员进行集中培训，让调研人员熟悉理解调研方案及调研计划，掌握调研关键技术、访谈技术，学习相关统计知识、经济知识和业务知识。

（2）收集二手资料。服装市场调研资料可分为一手资料和二手资料。一手资料也叫原始资料，是指通过自己的实地调研搜集整理或者实验获得，其准确性、可靠性强，但获得资料的花费大，且较难获得。二手资料通常是由国家统计局、机关、企事业单位提供的现有资料，或者前人已有的研究成果，其获得较为简易，花费较少。在服装市场调研中，应根据调研方案，适当组织人员获得二手资料，对调研情况作初步了解。收集的二手资料，必须保证具有可靠性和准确性。

（3）实地调研。在服装市场调研中，要想得到满意的调研结果，在收集二手资料的基础上，调研小组还必须按计划规定的调研方法、调研时间及地点对调研对象进行实地调研，收集一手资料。实地调研工作量大、成本高、过程复杂，调研过程难以控制，容易出错，一般采用的方法有访问面谈法、观察法、实验法、问卷调研法等。例如对服装企业管理人员进行访问面谈，了解企业品牌文化、经营理念、管理模式、产品体系；对服装零售商场及服装产品进行观察，了解服装当下流行趋势及竞争对手情况；对服装消费者进行问卷调研，了解消费者对服装产品及服务的满意度，消费者购买行为及购买需求。

3. 服装市场调研分析、总结阶段

服装市场调研最后一个阶段即对调研数据、资料进行统计分析，得出最终结果，撰写调研报告，同时将调研过程中遇到的问题及调研结果及时向委托单位进行汇报反馈。这一阶段具体步骤如下。

（1）调研资料整理与分析。服装市场调研所获得的大量资料往往是分散的、零乱的，有些资料甚至缺乏真实性，出现短缺、冗余等现象，因此，必须对调研资料加以适当地处理，去粗取精，去伪存真。调研资料整理分析工作包括以下方面。

① 资料核实、筛选。在对服装市场调研获得的资料进行整理过程中，首先要检查资料是否齐全，删除重复及偏差较大的资料，核实获得的数据是否与现实相矛盾，若发现矛盾，应及时进行修正、补充或删除，力求调研结果的真实可靠性。

② 资料分类汇编。经检查校对后的资料，为了便于分析查找，应按照量化等要求进行分类汇编，用数字符号表示最终信息，如性别“男”用“1”表示，“女”用“2”表示；消费者满意程度，“满意度高”用“5”表示，“满意度低”用“1”表示。

③ 资料统计分析。调研获得的资料反映了客观事物的外部联系，为了弄清调研对象本质情况及问题，要用科学的方法对调研资料进行综合分析。常用统计分析软件有 excel、社会科学统计软件包 SPSS 等，调研小组应根据实际需求，选择合适的统计分析方法，对调研数据进行处理，并进行小组讨论，论证结果的真伪。

（2）调研报告撰写。服装市场调研成果通常以调研报告的形式提交给项目委托人或决策者，调研报告是对课题研究后撰写的书面报告，是调研工作成果的最终体现。一份优秀的调研报告要尽量简明扼要，用数据、资料说明问题。服装市场调研报告一般由导言、主体、对策建议与附件组成，具体内容一般包括以下方面。

① 调研目的、时间、地点、方法步骤说明。

② 调研对象（服装品牌、产品、消费者等）基本情况。

③ 调研资料、数据分析处理方法、过程。

④ 调研资料、数据分析处理结果。

⑤ 调研结论，并提出建设性对策建议。

⑥ 调研问卷、统计资料、图表等附件材料。

（3）调研跟踪、反馈。服装市场调研全过程结束后，要将花费大量精力、财力获得的调研结果付诸实施，认真回顾、检查各个阶段的工作，做好总结反馈。总结内容概括如下。

① 调研方案是否切合实际，结论是否与市场发展相一致。

② 调研报告表述是否清晰，能否满足决策者或委托人需求。

③ 调研结果及对策建议能否被决策者或委托人采纳。

④ 调研过程中还有哪些问题没有解决，有待进一步追踪调研。

⑤ 调研过程中有哪些成功经验值得推广，哪些失败教训需加以改进。

⑥ 调研小组成员知识结构是否互补，能力是否得到充分发挥，对小组成员进行考核，加强调研队伍建设，不断改进和提高调研水平和效率。

1.3　服装市场调研的基本内容

服装市场调研内容十分广泛，凡是对服装企业市场经营活动产生影响的各个环节，从寻求市场机会、确定目标市场、制定营销策略到开展经营活动，都有可能成为市场调研的对象。一般来说，服装市场调研内容包括：服装营销环境调研、服装消费需求调研、服装市场营销组合要素调研、服装市场竞争调研几块内容。

1.3.1　服装营销环境调研

任何一种服装市场营销活动都是在复杂多变的市场环境中进行的，市场营销环境包括宏观环境和微观环境。不同的环境既能给服装企业带来市场机会，又能给服装企业带来威胁。因此，服装企业市场环境调研是企业营销管理活动的一项重要工作，通过服装市场营销环境调研，有助于企业分析环境对经营活动的影响，抓住市场机会，从而有利于企业认识、利用和适应市场环境。服装市场环境调研主要包括：人口环境调研、经济环境调研、社会文化环境调研、政治法律环境调研、自然地理环境调研和科学技术环境调研。如图 1-4 所示。

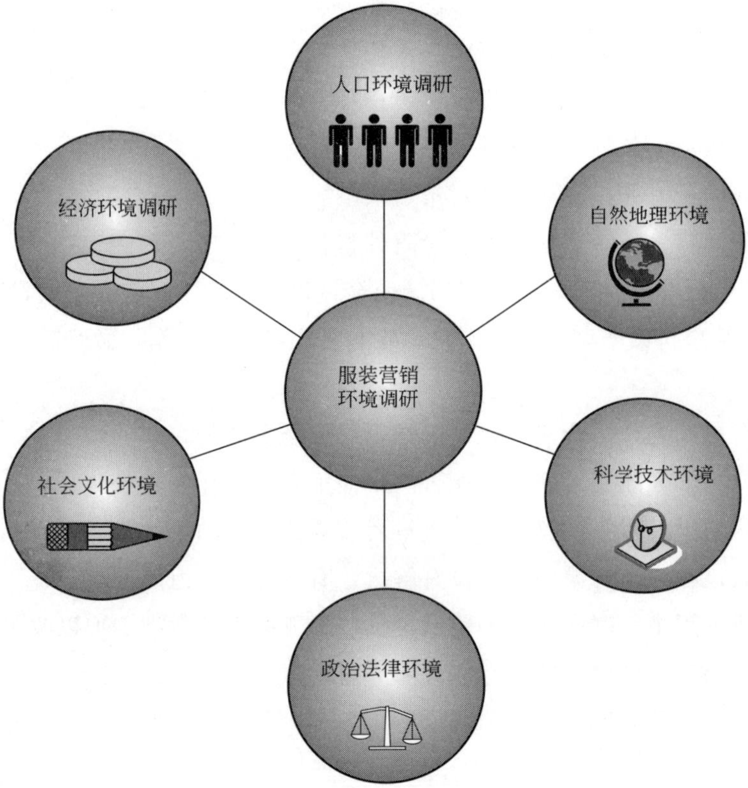

图 1-4　服装营销环境调研

1. 人口环境

人是服装消费市场的主体，不同群体对服装消费需求都是不一样的。人口环境包括：人口数量、规模、结构、分布、发展趋势、家庭状况等，服装企业应充分认识人口环境及其变化规律，通过市场调研，为确定目标市场提供准确数据，以便服装企业采取更适当的营销手段去适应人口环境。

2. 经济环境

经济环境是影响市场构成的重要因素，主要体现在消费群体的购买能力。反映一个地区居民购买力的主要经济指标有当地人均收入、国内生产总值、产业结构、进出口贸易、社会商品购买力水平、物价水平、储蓄、能源等。

3. 社会文化环境

社会文化环境是指各地区的民族特征、价值观念、社会习俗、生活方式、宗教信仰、教育水平、审美观念等。每个人都在一定的社会文化环境中成长，不同的学习、工作环境对人的思想行为都有一定的影响，对于服装产品来讲，品牌文化尤其受到重视，不同的阶层对服装需求也是不一样的，如保暖需求、审美需求、社会地位需求，服装的经营活动必须适应当地的文化传统，才能得到当地消费者的认可。

4. 政治法律环境

政治法律环境是指一定时期内国家的法律条款以及与服装经营活动有关的国家政策、法律、法规等，通过调研主要了解政府对该类服装产品的有关政策、方针以及有关法规法令，如：专利法、商标法、工商法、广告法等。服装企业只有认清某地区的政治、法律环境，才能预测该地区的经济发展方向与速度，才能依法管理和经营，也可以用法律手段维护自身权益。

5. 自然地理环境

自然地理环境包括地形、地貌、气候、自然资源、湿度、温度、光照等因素。随着科学技术的发展以及人类社会工业化进程的加快，自然环境恶化现象越来越严重，这与服装企业的经营活动密切相关，恶劣的环境会影响服装企业的发展，同时，不同的自然地理环境对人们的衣着消费观念、消费习惯也会产生很大的影响。

6. 科学技术环境

科学技术是第一生产力，科技的发展对经济发展有巨大的影响。对服装企业来讲，科学技术的不断进步，给服装企业带来了新的机遇和威胁。服装企业要想在竞争日益激烈的市场环境中脱颖而出，必须对当前服装新技术、新工艺、新面料、新产品开发、应用及推广技术有深入的了解，时刻关注技术环境的变化，及时掌控新技术的发展动态。

1.3.2 服装消费需求调研

服装消费需求调研在服装企业市场营销活动中占据重要位置。要想提升客户满意度，必须及时对服装市场进行需求调研，尽快调整服装企业经营管理策略，适应市场环境变化。服装消费需求调研包括消费需求量调研、消费者购买动机调研、消费者购买行为过程调研、消费者购买影响因素调研等。

1. 消费需求量调研

消费需求量即市场需求量，对市场规模的大小具有直接影响。服装消费需求量调研的主要目的是利用调研数据对服装企业产品在该地区的需求总量、已满足市场需求总量、潜在市场需求总量进行的说明。可以从以下几个方面考虑：①界定区域范围；②界定时间范围；③界定产品范围；④界定客户群体。通过对消费需求规模的界定，测定服装消费市场需求量。

2. 消费者购买动机调研

服装消费者购买动机是指人们为了满足自身需求，而购买服装的意愿。服装是人类最基本的需求，随着生活水平的提高，消费者购买服装的动机也越来越多，从生活水平低质时期的生理需求，即服装作为护体、保暖之物，是生活习惯和风俗、社会规范的需要，到生活水平高质时期的心理需求，即服装不再仅仅作为生理上的需求物，而成为一种社会地位、价值观念、身份形象的象征。服装消费者的购买动机是复杂、多变的，甚至很多消费者自己也不清楚购买的动机，因此，对消费者购买动机的调研要精心设计、充分准备。

3. 消费者购买行为过程调研

服装消费者购买行为调研即了解服装消费者通常喜爱在什么时候购买；多长时间购买一次；每次购买花费多少钱、购买几件；喜欢在什么地方购买；喜欢什么品牌的服装；购买时比较注重品牌、面料、价格还是什么；喜欢用什么方式购买；喜欢和谁一起购买等。

4. 消费者购买影响因素调研

服装消费会受到个性特征、地理环境、文化风俗、宗教信仰、消费习惯等多方面因素的影响，这些因素都会在一定程度上对消费者的购买行为产生影响，影响因素调研主要是为了了解这些因素在服装购买过程中所起的作用，了解不同环境下、不同人群的服装市场需求。

1.3.3 服装市场营销组合要素调研

服装市场营销组合要素调研包括产品调研、价格调研、分销渠道调研和促销活动调研。服装市场营销组合要素调研主要是为了帮助服装企业更好地利用市场营销组合工具，通过调研，制定出更好的市场营销组合策略，更好地满足消费者需求。

1. 服装产品调研

服装产品是服装企业为消费者提供服务的载体。服装产品调研包括顾客核心价值调研，产品生命周期调研，新产品设计、开发调研，产品生产能力调研。服装产品调研的目的是了解消费者对本服装企业产品的面料、款式、质量、性能、包装、服务等方面的期望及满意度，为服装企业对产品进行定位，为提升竞争力提供依据。

2. 服装价格调研

服装价格是服装市场竞争的重要手段，服装价格调研对服装企业制定正确的价格策略具有重要的作用。服装价格调研包括服装定价目标和定价策略、服装价格变化趋势、影响服装价格变化的因素、消费者的价值感受、竞争产品的价格调研等。

3. 服装分销渠道调研

服装分销渠道是服装生产商将服装转移到消费者手中所经过的通道。服装销售渠道是市场营销活动的重要组成部分，合理的分销渠道能够经济、有效、低成本地实现服装产品的附加值。服装分销渠道调研包括：分销渠道的类型、结构、覆盖范围调研；分销渠道管理情况调研；交通运输情况调研；物流配送情况和模式调研；影响渠道设计的主要因素调研等。

4. 服装促销活动调研

服装促销活动形式复杂多变，促销活动调研是对促销活动的实际效果进行调研，为企业制定最优的促销组合策略提供依据。服装促销活动调研包括：广告调研、打折优惠活动调研、公共关系调研、慈善活动调研、新产品发布会调研、人员促销调研等。

1.3.4　服装市场竞争调研

任何企业、任何产品处于市场中都会产生竞争对手，有直接竞争对手和间接竞争对手，服装市场竞争调研主要是了解竞争对手的基本情况、产品情况以及经营策略，从横向与本企业服装进行比较，找出本企业的竞争优劣势，从而有利于企业制度正确的竞争策略。

1. 竞争对手基本情况调研

服装企业竞争对手的基本情况包括竞争对手数量、规模、资金运作情况。

2. 竞争对手产品情况调研

服装企业竞争对手的产品情况调研包括服装的品牌形象、服装功能、性能、质量、价格、市场占有率、分销渠道等。

3. 竞争对手经营策略调研

服装企业竞争对手经营策略调研包括竞争对手的广告促销策略、打折、有奖销售、馈赠礼品策略、季节优惠策略、公共关系营销策略。

1.4　本章小结

（1）服装市场调研是以服装市场为对象，通过运用科学的方法，有计划、有组织、有目的地，系统、全面、及时地收集、整理、分析和研究有关服装市场信息。

（2）开展服装市场调研有利于企业进行准确的市场定位；有利于为企业经营决策提供依据；有利于企业开拓市场，开发新产品；有利于企业在竞争中占据有利地位；有利于企业评估、检测市场运营情况。

（3）服装市场调研按调研性质、调研方法及其他分类标准，有不同的类型。

（4）服装市场调研全过程一般分为调研准备、调研实施和调研资料整理分析三个阶段，每个阶段又可以细分为若干个具体步骤。

（5）服装市场调研内容十分广泛，主要有服装营销环境调研、服装市场需求调研、服装市场营销组合要素调研、服装市场竞争调研四个方面。

案例分析

李宁公司营销环境分析

一、李宁公司概况

李宁公司是著名体操运动员李宁在1990年创立的体育用品企业，经过20多年的探索、发展，李宁公司已经逐步发展成为中国、国际领先的体育用品企业。李宁公司产品主要包括运动及休闲的鞋类、服装以及体育器材和配件产品。目前李宁品牌的常规店、旗舰店、工厂店以及折扣店的店铺数量达7300多间，紧随阿迪达斯和耐克两大巨头之后排名市场第三位。

二、李宁公司宏观环境分析

1. 经济环境分析

随着经济增长、消费者人均收入的增加，其支出模式也发生了变化。居民用于购买食物的支出逐步减少，而用于教育、卫生、娱乐、健身等方面的支出显著增加。此外，随着社会福利和社会保障的逐步完善，人们拥有了更多的休闲时光，也刺激了人们对体育健身的需求。

2. 社会文化环境分析

随着我国运动员在国际赛场尤其是奥运会上的表现越来越好，吸引了更多的民众开始关注中国的体育事业，尤其是北京奥运会的召开无疑刺激了人们对于体育事业的关注。中国也提出了全民奥运的口号。政府加大对于体育设施的投入，完善了体育运动的配套设施，大街小巷都可以见到从事体育运动的各类人群，引发了全民运动的浪潮，对于体育用品的需求也空前高涨。

3. 科技环境分析

经过二十多年的发展，虽然中国的李宁、安踏、361°、鸿星尔克等本土品牌逐渐缩小了同国外品牌的差距，但是这些品牌还不足以与耐克、阿迪达斯、卡帕、彪马等国际品牌相匹敌，其自主研发、设计及运营管理的能力与国际品牌还存在很大的差距。国内的企业大都是在模仿国外企业的产品样式、企业运作模式，缺乏独立自主的创新成果和自己的专利技术。目前，我国体育用品企业普遍缺乏支撑自身品牌运营的产品设计与开发能力，我国大部分体育用品制造企业还停留在为大品牌代工的初级阶段，从整体上看设计水平偏低。

三、李宁公司微观环境分析

（一）渠道分析

1. 供应商分析

李宁选择的供应商均是国际上各自领域中的领先企业，包括米其林、杜邦、莱卡和3M等。一方面，这些各自领域的领先企业为李宁公司提供了高质量的产品、提高了李宁公司产品的质量和认可度；另一方面，这些公司对于李宁公司的依赖比较低，一旦他们的产品产生质量问题，李宁公司会面临高昂的转换供应商的成本，容易被供应商绑架。

2. 分销渠道分析

李宁公司作为中国领先的体育品牌企业之一，拥有很强的经销及零售实力。公司已在中国市场建立了广泛的经销商及零售商网络，经销商在集团的统一指导下进行经营。李宁公司由经销商经营5300多间店铺，同时在北京、上海等13个省份拥有375间直营店，其分销网络是国内运动服饰企业中最广的。同时，李宁公司亦自行经营李宁牌零售店及特许专卖。但是，李宁公司的渠道存在零售网点位置一般、商场内的陈列设计不合理、不同店铺的协调工作差、打折不统一且不能同时进行、IT网络落后等问题。

（二）消费者分析

李宁公司的主要消费群体集中在25岁以上，以女性居多。这部分消费者有固定的收入，月均收入在3000～4000元之间，属于价格导向型消费者。李宁公司产品虽然没有耐克和阿迪达斯这么强大的品牌效应，但也是国内体育用品的第一品牌，而且价格适中，宣扬的是一种亲和、友好、民族荣誉感的氛围，介于运动与休闲之间，符合他们的消费心理，因而成为他们的首选。

（三）企业内部分析

在产品开发方面，李宁公司拥有亚洲一流的产品设计研发中心，引进了国际先进的开发管理机制，聘请了国内外一流的设计师等，大力加强了市场调研和设计开发力量以逐步增强品牌的竞争力。李宁公司目前的发展重点是提升产品设计，加强科技应用，其在香港设有研发团队。同时，李宁公司把生产外包给全球最大的制鞋企业裕元集团，而把企业重心放在了产品设计、分销及品牌形象的打造上。

（四）竞争者分析

目前，李宁公司最主要的竞争对手是在我国市场占有率和销售额较为领先的高端国外品牌，如耐克、阿迪达斯以及国内中低端品牌代表安踏、鸿星尔克等。

1. 耐克

耐克的品牌个性是挑战、热情、信心，在竞争中体味快乐，其核心是“以专业体育用品市场来引导大众市场”。耐克在中国消费者心中是最酷的品牌，耐克进入中国时就义无反顾地选择了本土化，从培育目标消费群的基础做起。在中国，耐克所拥有的个性化、创造性、专业性以及休闲性等基本价值观正成为最受欢迎的文化。因此，耐克的高价不但不是销售的障碍，反而是其产品价值的体现，这也就不难理解为何在运动产品降价的大趋势下耐克却逆流而上提高产品价格了。

2. 安踏

安踏的品牌个性是专注、务实、不断超越，在产品的成本、价格上存在优势，同时将主要的市场重点放在二三线城市，其在中低端品牌中性价比较高，口碑一直不错，拥有很大一部分自己的忠诚客户。此外，无论是邀请运动巨星代言，还是赞助重大的体育赛事，安踏在营销上的巨额投入气势丝毫不差李宁。最近几年安踏赞助CBA并成功成为中国奥委会合作伙伴，有在品牌知名度上超越李宁的趋势。在产品的实际销售上，虽然安踏的销量远不及李宁，但是产品的净利润已经超过李宁。

四、对李宁公司的策略建议

（一）坚持技术研发、走自主创新之路

在当今时代，企业之间的竞争已经是技术和品牌的竞争，而品牌的竞争又要基于自己独特的技术基础之上，没有哪个知名品牌是没有自己独特的技术作为支撑的。只有坚持自己的自主技术创新，形成自己的专利技术，才能树立自己的品牌优势，在今后日趋激烈的行业竞争中占有立足之地。因此，李宁公司必须坚持技术研发并走自主创新之路。

（二）立足本土化、提高民族特性

李宁公司应充分利用李宁品牌的民族企业定位，大力发展本土市场，不要急功近利去开拓国际市场，而使自己的原有本土市场被耐克、阿迪乃至其他本土品牌乘虚而入。李宁公司应立足本土市场，提高自己产品的民族特性，充分利用自己的品牌优势以及对于中国文化和大众需求特点的了解，建立自己牢固的大本营，巩固和加强北京奥运会之后的新增市场。

（三）准确市场定位、有效实施差异化营销

李宁公司的衰退一部分原因是经济大环境和行业需求的下降，但很大程度上是对于市场定位的错误造成的。从自身品牌塑造上来讲，李宁抛弃了原有的忠诚客户，去追求90后客户群，但是却对他们的需求特点不了解，没有取得新客户群的认可，也丢掉了老客户的忠诚。从对外竞争上看，对于自身品牌盲目乐观，认为自己可以和耐克、阿迪达斯一较高下，把自己的产品价格定得偏高，使自己处于一个比上不足比下有余的尴尬地位，既没有开发出高端市场也丢掉了低端市场。李宁公司应该重新认识自己，制定准确的市场定位。李宁公司要采取差异化的营销策略，发展自己的品牌特性，不能用自己不擅长的方面和别人的优势进行竞争，应避其锋芒、攻其不备。

第2章 服装市场调研方案设计

2.1 服装市场调研方案设计概述

服装市场调研方案设计是根据调查研究的目的和调研对象的性质，在进行实际调查之前，对整个调查工作的各个方面和全部过程进行的通盘考虑和总体安排，以做出相应的调查实施方案，制定合理的工作程序。服装市场调研方案设计是市场营销调研活动的根本，更是企业的决策者和管理者判断某一具体调查是否可行的重要前提。如果没有市场调研方案的设计，就很难保证市场调查工作的结果符合企业或服务对象对市场信息的要求。所以，一个好的市场调研方案设计不仅能保证研究目标的顺利完成，还能够提高调研项目本身的效率和有效性。

2.1.1 服装市场调研方案设计的特点和原则

1. 特点

（1）可操作性。服装市场调研方案设计必须具备可操作性，这是任何一个实用性方案都应有的基本要求，是决定该市场调研方案实践价值的关键。

（2）全面性。服装市场调研方案设计是对整个调查各个方面和各个阶段进行的通盘考虑和安排，带有一种全局性与规划性特点，它应该像指挥棒一样统领全局并保证调研目的的实现。因此全面性是其又一个显著特征。

（3）规划性。服装市场调研方案设计的规划性体现在对整个调研统筹规划，是对整个调研工作各个环节的统一考虑和安排。

（4）最优性。设计调研方案是经过市场调研策划团队、企业领导者和委托方等多方反复协调磋商，经多次修改和完善而确定的。这保证了调研方案的效果和费用的最优化。作为商业调研机构，有时客户还会要求同时拿出两个以上的方案供其最后选择定案。

2. 原则

（1）科学性原则。服装市场调研方案必须科学合理，否则容易失败并造成损失。

（2）可行性原则。服装市场调研方案策划时必须依据实际情况而定，不仅要科学，而且要具有可行性。

（3）有效性原则。有效性是指在一定的经费、人员等客观条件的约束下，保证调研结果的精度能够满足研究目的的需要。

（4）弹性原则。服装调研设计中还会面临一些具体问题的选择。在调研过程中，有许多因素影响调研结果的准确性，但是，对于不同的问题和不同的调研方法，这些因素的影响程度是不一样的，在调研设计中需要对这些问题进行判断、权衡。

2.1.2　服装市场调研方案设计的意义

服装市场调研是一项复杂的、严肃的、技术性较强的工作，特别是大规模的市场调查参加者众多，为了在调研过程中统一认识、统一内容、统一方法、统一步调，圆满完成调研任务，就必须事先制订出一个科学、严密、合理、可行的工作计划和组织措施，使得所有参加调研工作的人员都依此执行。具体来讲，服装市场调研方案的设计有以下四个方面的意义。

第一，从认识上讲，服装市场调研方案设计常常是从定性认识过渡到定量认识的开始阶段。虽然市场调研所搜集的许多资料都是定量资料，但应该看到，任何调研工作都是先从对调研对象的定性认识开始的，没有定性认识就不知道应该调研什么和怎样调研，也不知道要解决什么问题和如何解决问题。定性认识是定量认识的前提和基础，定量认识是定性认识的具体和深化。

第二，从工作上讲，服装调研方案设计起着统筹兼顾、统一协调的作用。现代服装市场调查可以说是一项复杂的系统工程，对于大规模的市场调研来讲，尤为如此。在工作中会遇到许多复杂的矛盾和问题，其中有些问题是属于调研本身的技术性问题，有些则是与调研相关的问题。因此，只有通过调研方案设计，设置调查流程，分清主次，根据需要采取相应的调查方法，才能使调查工作得以有序地进行。

第三，从实践要求上讲，服装调研方案设计能够适应现代市场调研发展的需要。“没有调研就没有发言权”。现代市场调研不再是单纯的搜集资料的活动，而是发展到把调研对象作为一个整体来反映的调研活动。与此相对应，市场调研过程也应被视为是市场调研设计、资料搜集、整理和分析、报告撰写等一个完整的工作过程，市场调研设计正是万里长征的第一步，一切从此开始。

第四，从市场竞争角度上讲，目前的市场调研项目委托方一般都采取招标的方式来选择最理想的合作伙伴。为了能在竞标中脱颖而出，调研机构能否提供一份高质量高水平的市场调研方案设计书是至关重要的。

2.2 市场调研方案设计

服装市场调研方案设计是指服装市场调研准备阶段到市场调研方案确定的先后顺序和具体步骤，是对调研工作的各个方面和全部过程的通盘考虑。一份好的服装市场调研方案可以为企业节约大量的时间、人力、物力和财力，有助于提高市场调研的效率和质量。通常包括以下 9 个主要方面的内容。

2.2.1 确定调研目标

调研目标是调查方案设计的前提和基础，只有在明确的调研目标指引下，市场调研才能够确定出调研的范围、规模、人员、时间、费用等具体量化的内容。确定调研目标是进行服装市场调研方案设计首先要解决的问题，主要是为了明确为什么要进行此调研，通过该调研要了解和解决哪些问题，调研结果有何意义及用途。衡量一个调研设计是否科学，主要就是看方案设计是否符合调研目标的要求，是否符合客观实际。服装行业是个时尚性极强的行业，产品流行周期短，市场变化迅速，在调研初期，只能进行小范围的非正式初步调研，寻找问题的症结所在，最终确定具体的调研目标。如某服装品牌企业在经营过程中，出现销售额持续下降现象，需要分析问题的原因是产品设计不足，还是产品结构不合理？是服务质量下降，还是消费者购买力发生转移？这些要考虑的问题，涉及面较宽，问题也比较笼统，需要有一个初步调查过程，找出主要原因，进而选择市场调查要解决的主要问题，即调查目标。

2.2.2　确定调研内容

在确定具体的调研目标之后，应根据调研目标确定具体的调研内容。服装市场调研内容非常广泛，一般主要分为以下三个方面。

1. 服装市场环境调研

服装企业与别的企业一样，处在一个复杂的社会环境中，其经营活动要受企业本身条件和外部环境的共同制约。环境的变化不仅可以给服装企业带来发展的机遇，也可以形成某种威胁，所以对服装企业市场环境的调查研究，是服装企业有效开展经营活动的基本前提，可以为服装企业决策提供咨询。服装企业市场环境调研的主要内容包括政治法律环境、经济技术环境、社会文化环境等宏观环境。

（1）政治法律环境。政治环境指企业外部的政治形势和状况，分为国内和国际两部分。对国内政治形势的调研，主要是分析研究党和政府的路线及各项方针政策的制定、调整及其对市场、对企业产生的影响。对国际政治形势的调研，主要是分析研究相关国家的社会性质和政治体制，了解其政局稳定情况。

企业法律环境的调研主要是分析与企业经营活动相关的国家的各项法规、法令、条例等，尤其是经济立法，如经济合同法、进出口关税条例、专利法、商标法、环境保护法等。在从事国际贸易交往过程中，除了解相应国家的法令、法规外，还要熟悉相应的国际贸易惯例和要求。

（2）经济技术环境。经济环境的调研主要是对市场购买力水平、物价水平、消费者收入状况、消费者支出模式、消费者储蓄和信贷以及通货膨胀、税收、关税等情况变化的调研。

技术环境指新技术、新材料、新工艺的不断产生对服装企业的生产和经营产生了重大影响。技术环境的变化和发展可能给某些企业带来新的营销机会，也可能给某些企业造成环境威胁，要求服装企业必须密切注意科技革命的新动向，利用新技术改善营销管理，提高企业服务质量和工作效率。

（3）社会文化环境。文化是一个复杂的融合，其中包括知识、信仰、艺术、道德、风俗习惯以及人作为社会成员一分子所获得的任何观念与习惯。文化环境不仅建立了人们日常行为的准则，也形成了市场国家或市场地区消费者态度和购买动机的取向模式。因此，要求服装企业在营销活动中应该“入乡随俗”，注意不同国家、不同地区的文化环境对服装企业经商方式的重要影响。

社会文化环境的调研主要是指某一特定区域的传统文化，包括思想意识、道德规范、社会习俗、宗教信仰、文化修养、价值观等。

2. 服装市场需求调研

服装市场需求调研是服装市场调研中最基本的内容，是服装企业制定生产规划的重要依据，主要包括市场需求量、需求结构和需求行为的调研。

（1）市场需求量调研。市场需求量调研主要是调查社会购买力，是一种有支付能力的消费需求。不仅要了解企业所在地区的需求总量、已满足的需求量和潜在的需求量。而且还必须了解本企业的市场销售量在市场商品需求量中所占的比重，即本企业销售的市场占有率，以及开拓地区市场的可能性。

（2）需求结构调研。需求结构调研主要是了解购买力的投向。通常是按消费者收入水平、职业类型、居住地区等标准分类，然后测算每类消费者的购买力投向，即对吃、穿、用、住、行商品的需求结构。不仅要了解需求商品的总量结构，还必须了解每类商品的品种、花色、规格、质量、价格、数量等具体结构，了解市场和商品细分的动向、引起需求变化的因素及其影响的程度和方向、城乡需求变化的特点、开拓新消费领域的可能性等。

（3）需求行为调研。需求行为调研主要是了解消费者的需求心理（如习俗心理需求、同步心理需要、偏爱心理需要、经济心理需要、好奇心理需要、便利心理需要、美观心理需要等）和购买行为（如习惯性消费行为、理智型消费行为、冲动型消费行为、感情型消费行为、不定性消费行为等），不仅要了解消费者的个性、个人偏好、宗教信仰、文化程度、消费习惯及周边环境等客观因素对需求行为的影响，还要了解消费需求的季节、月份、具体购买时间，以及需求的品种和数量结构等。

3. 服装市场营销事务调研

服装营销事务调研是围绕营销活动而展开的市场调研，主要包括服装产品调研、服装流通渠道调研、促销和服务调研、竞争对手调研几个方面。

（1）服装产品调研。服装产品调研是了解消费者对企业产品的款式、质量、包装、服务等产品相关内容方面的认识，为提高产品整体形象定位提供参考。主要包括服装本体、服装包装、市场流行趋势、品牌知名度、价格定位以及服装企业自身的产能等内容。

（2）服装流通渠道调研。服装产品从生产者向消费者转移的过程中，要经过若干流通环节或中间层次。流通渠道调研就是对商品在流通过程中所经过的流通环节或中间层次进行调研。

（3）促销和服务调研。促销是服装企业把生产经营的商品及所提供的服务向消费者进行宣传，促进和影响消费者购买行为和消费方式的活动。促销活动的方式很多，既有人员推销，又有非人员推销。在非人员推销中又有广告、营业推广、公共关系等具体促销形式。其主要内容包括：调查各种促销形式的特点，促销活动是否独具一格，具有创新性；是否突出了产品和服务特点，消费者接受程度如何；能否给消费者留下深刻印象，效果与投入比是否合适；是否最终达到了吸引顾客、争取潜在消费者的目的。

销售服务分为售前服务、售中服务和售后服务。对销售服务调查，应了解消费者服务需要的具体内容和形式；了解企业目前所提供的服务在网点数量、服务质量上能否满足消费者的要求，消费者对目前服务的意见反映；调查了解竞争者所提供服务的内容、形式和质量情况。

（4）竞争对手调研。企业要想在市场上站稳脚跟，必须注重对竞争对手的调研。主要内容包括：竞争对手的数量，是否具有潜在的竞争者，主要的竞争对手是谁；竞争对手的经营规模、人员组成以及营销组织机构情况；竞争对手经营商品的品种、数量、价格、费用水平和营利能力；竞争对手的供货渠道情况，是否建立了稳定的供货关系网；竞争对手对销售渠道的控制程度，是否拥有特定的消费群体，所占有的市场份额情况；竞争对手所采取的促销方式有哪些，提供了哪些服务项目，消费者反应如何等。

2.2.3 确定调研对象

调研对象是指接受调查的总体或母体。确定调研对象也就是解决“向谁调研”和由谁来具体提供资料的问题，不仅关系到调研方法和技术的确定，还会影响调研工作的成败。调研目标和调研内容决定调研对象，只有具备了明确的调研目标，才能进行调研对象的选择与确定。确定调研对象是根据调研的目的和主题来选择符合条件的市场调查活动的参与者。即面向什么人和多少人调查？确定的调查对象应具备什么条件？如：性别、年龄、职业、收入、文化水平等方面的选择要求。另外，要明确向多少人调查？

由于大多数市场调研都只是对总人口的有限样本或者与调研问题有关的人群内进行的调研，采用的是抽样调查方法，所以要进行抽样设计，确定样本数量和精确度。这就涉及抽样计划的制订 、抽样方法的选择、样本规模等，抽样设计质量高，产生的误差小，调研结果就更为准确。但在实际调研项目开展过程中，不能只靠理论知识去推断调研对象，还应该根据实际情况对调研对象进行选择和判断。

2.2.4 确定调研方法

调查方法就是通过什么方式和方法取得调查资料。服装市场调查的方法很多，常见的有文案调查法、问卷调查法、询问法、观察法、实验法、深度调查法、投射法、网络调查法等。

资料搜集一般分为二手资料搜集和一手资料搜集两种。一般情况下，搜集二手资料常用文案调查法，搜集一手资料需调研者亲自获得，通常采用问卷调研、观察调研、访谈调研等方式进行。

2.2.5 确定调研资料整理和分析方法

调研资料的整理就是运用科学方法对调查所得的各种原始资料进行审查、检验和初步加工综合，使之系统化和条理化，从而以集中、简明的方式反映调研对象总体情况的工作过程。服装市场调研所获得的大量原始资料信息，往往是分散的、零星的，某些资料也可能是片面的、不真实的，必须经过去粗取精、去伪存真、由表及里地系统整理和分析，才能客观地反映被调查事物的内在联系，揭示问题的本质和各种市场现象间的因果关系。

为了保证资料整理工作的顺利进行，首先应制定合理的资料整理方案，包括确定汇总指标和综合统计表、确定具体分组、选择资料汇总的方式、做好组织工作和时间进度的具体安排、确定资料审查的内容和方法、确定与历史资料衔接的方法。调研资料整理的步骤包括审核、校订、编码、数据录入、统计预处理。

目前调研资料处理工作一般都是借助相关的统计软件由计算机进行，这在设计中也应予以考虑，包括采用何种操作程序以保证必要的运算速度、计算精度及特殊目的。

市场调研分析方法主要有两种，即定性分析法和定量分析法。定性分析法包括归纳分析法、演绎分析法、创造性思维分析法等。定量分析法即统计分析法。统计分析法是一种以数学理论为基础，对大量数据进行处理、检验从中寻求规律性的方法。市场调查的目的一方面在于对被调研总体表层现状的了解，另一方面在于对事物内部隐藏的本质的规律性进行深入的剖析。前者属于描述性统计分析，包括我们所熟悉的分组分析、集中趋势分析、离散程度分析和相对程度分析等几个方面。后者是属于解析性统计分析方法，适用于大型市场调研，主要有假设检验、方差分析、相关分析、回归分析、主成分分析及聚类分析等。每种分析技术都有其自身的特点和适用性，因此，应根据调研的要求，选择最佳的分析方法并在方案中加以规定。

2.2.6　确定调研进度

调研进度是指调查项目从何时开始，到何时完成，即将调研过程的每一个阶段需完成的任务做出规定，以避免重复劳动、拖延时间。确定调研进度，一方面可以知道和把握计划的完成进度，另一方面可以控制调查成本，以达到用有限的经费获得最佳效果的目的。调查内容不同、调查方法不同，调查的最佳时间也不相同，调查的范围大小不同，时间有长有短。在调查方案设计时要周密安排调查进度和调查时间。

市场调研的进度一般可分为如下几个阶段。

（1）总体方案的论证、设计。

（2）抽样方案的设计、调研实施的各种具体细节的规定。

（3）问卷的设计、测试、修改、定稿。

（4）问卷的印刷、调查者的挑选和培训。

（5）调研组织实施。

（6）调研数据的整理（计算机录入、汇总与制表）。

（7）统计分析研究。

（8）调研报告的撰写、修订与定稿。

（9）调研成果的鉴定、论证、发布。

（10）调研工作总结。

2.2.7　确定人员计划

确定人员计划主要是确定参加市场调查人员的条件和人数，包括对调查人员的必要培训。

由于服装市场调研对象涉及社会各阶层的消费者，他们在性别、年龄、职业、思想认识、文化水平、生活方式等方面差异较大，这就要求市场调研人员必须具备一定的思想水平、工作业务能力。

在市场调研过程中，调研人员面对的是复杂多变的调研对象，每次调研的直接目的不同，调研项目也多种多样，不同的调研课题要求调研人员有不同的知识准备。此外，一些市场调研工作，由于工作量较大，有时还需要聘请一些临时性的工作人员，人员具有一定的流动性。为了保证市场调研结果的可靠性，必须注意对参加调研人员的培训。

2.2.8 确定费用预算

调查费用是从策划到报告撰写完毕的每一步成本的总和。在制订计划时，应编制调查费用预算，合理估计调查的各项开支，以保证调研工作的顺利进行。编制费用预算的基本原则是：在坚持调查费用有限的条件下，力求取得最好的调查效果，或者是在保证实现调查目标的前提下，力求使调查费用支出最少。

调查经费预算一般需要考虑如下几个方面。

（1）总体方案策划费或设计费。

（2）抽样方案设计费（或实验方案设计费）。

（3）调查问卷设计费（包括测试费）。

（4）调查问卷印刷费。

（5）调查实施费（包括选拔、培训调查员费，试调查费，交通费，调查员劳务费，管理督导人员劳务费，礼品或谢金费，复查费等）。

（6）数据录入费（包括编码、录入、查错等）。

（7）数据统计分析费（包括上机、统计、制表、作图、购买必需品等）。

（8）调研报告撰写费。

（9）资料费、复印费、通信联络等办公费。

（10）专家咨询、协作人员劳务费等。

经费多少与调研范围、样本数、调研方法等密切相关，一般市场调研项目的经费预算比例是：策划费占30%、访问费占40%、统计费10%、报告费20%。如果是委托外部的调研机构，需要增加预算的30%左右作为税款及利润。

2.2.9 确定提交报告的方式

应对调研报告书撰写的原则、报告书的基本内容、报告书中的图表量的方法、调研报告书的编写形式和份数、成果的发布等作出安排。

2.3 问卷设计

2.3.1 问卷的基本概念

调研问卷又称调查表或询问表，是社会调查引用的一种数据收集手段。问卷必须具备两个功能，即能将问题传达给被问的人和使被问者乐于回答。要完成这两个功能，问卷设计时应当遵循一定的原则和程序，运用一定的技巧。

1. 问卷的含义

问卷是调查者根据调查目的和要求，按照一定的理论假设设计出来的，由一系列问题、被选答案、说明以及代码表所组成的书面文件，是向被调查者收集资料的一种工具。问卷设计的目的是设计一份理想的问卷，这份问卷既能描述出被调查者的特征，又能测量出被调查者对某一社会经济事物的态度，并能在一定条件下以最小的计量误差得到所需要的数据。

问卷调查假定研究者已经确定所要问的问题，把这些问题打印成问卷，或编制成书面的问题表格，交由调查对象填写，然后收回整理分析，从而得出结论。调查过程中，样本的选择、调查员的素质、统计手段等因素都会影响到调查结果，但最重要的是问卷的设计水平。

从问卷调查的实际应用来看，可以分为学术性问卷调查或应用性问卷调查。前者多为学校或研究机构的研究人员所采用，后者则由市场调研人员或其他机构的人员所采用，来解决市场实际中的问题。

2. 问卷的类型

根据调查者对问卷的控制程度，问卷可以分为结构型问卷与非结构型问卷。

（1）结构型问卷。结构型问卷又称标准化问卷或控制式问卷，它的特点是对每个问题的提问方式和可能的答案都是固定的，提问方式在调查时都不能改动，所有被调查者都回答同一结构的问题。结构型问卷根据答案的设计情况，可分为封闭式问卷、开放式问卷和半封闭式问卷三种。

① 封闭式问卷。它是指规定了可供选择的答案和固定的回答格式，由被调查者从中选取一种或几种答案作为自己的回答。其优点是：答案标准化，便于归类整理；可事先编码，有利于信息处理；被调查者只需选择其中的答案，可以节省答卷时间。但是，封闭式问卷由于规定的答案有限，往往不能充分体现不同回答者的各种意见；同时，不同的人对同一问题的理解是不相同的，甚至会产生相反的理解，因而对问题的不正确理解难以识别。

② 开放式问卷。它是指只提出问题，不提供任何备选答案，由被调查者自由回答的问卷。这种问卷所列的每个问题对被调查者来说都是一样的，但可根据自己的理解自由回答。其优点是：回答者可以充分发表自己的看法和意见，对某些答案过多的问题尤其适宜。但开放式问卷的答案多种多样，不规范，资料分散，难以量化，编码困难，对某些较复杂的问题，回答者要用较多的时间去思考，容易引起回

答者的不快或拒绝回答。此外，这种问卷要求回答者要具有一定的写作技巧和语言表达能力。

③ 半封闭式问卷。它是封闭式问卷和开放式问卷相结合的问卷。如在一个问题中，除给出一定的标准答案外，还列出“其他”等开放式答案以备被调查者在“其他”下自由作答。或者在整个问卷中，一部分问题是封闭性的，一部分问题是开放性的。半封闭式问卷可以兼顾封闭式问卷和开放式问卷的优点，克服其局限性。

(2) 非结构型问卷。非结构型问卷，是指事先不准备标准表格、提问方式和标准化备选答案，只是规定调查方向和询问内容，由调查者和被调查者自由交谈的问卷。需要指出的是，非结构型问卷并不是没有结构，只是问卷的结构没有固定的形式而已。为了了解某方面的情况，调查者必须事先准备一些问题，写在纸上或留在记忆中，然后对被调查者进行提问。在不改变调查内容和方式的条件下，可以改变提问的方式，如“你购买的目的是什么?”“你为什么要购买?”这样提问的目的都是一样的，只不过是提问的方式不同而已，被调查者不受标准答案的限制，可采用自由式的回答。非结构型问卷所需人力、物力较多，花费的时间较长，因此它只适用于小样本调查。其优点是：可发现新情况，可用于探索性调查，也可用于检验结构型问卷的准确性。

3. 问卷设计的原则

问卷设计是一门科学，设计时有一定的技巧性和灵活性。虽然调查问卷的类型和内容各异，但都必须满足市场调查的要求。因此问卷设计必须遵循一定的原则。

(1) 目的性原则。目的性原则要求问卷中拟定的问题要反映调查的目的。这就要求在问卷设计中，所有的问题必须与要了解的内容相一致，从实际出发拟题，重点突出，没有可有可无的问题。

(2) 准确性原则。作为收集信息的工具，调查问卷要保证数据的准确性。问题用语要准确，含义清晰，简明扼要，以便于被调查者正确理解。同时，调查问卷应能够提供规范的记录方式和编码方式，以保证问卷所记录的答案准确清晰，满足数据录入、编码和分析使用。

(3) 顺序性原则。问题的排列应有一定的逻辑顺序，符合应答者的思维程序。一般是先易后难、先简后繁、先具体后抽象。

(4) 可量化原则。量化的数据是定量分析的基础，因此被调查者提供的答案必须是可量化的。量化的级别越高，适用的分析方法越多，故问题设计时尽可能采用封闭式题型，由被调查者在给定的答案中选择回答。

（5）可接受性原则。问卷设计要比较容易让调查者接受，应使应答者一目了然，并愿意如实回答。问卷中语气要亲切、温和，符合应答者的理解能力和认识能力，避免使用专业术语。提问要自然、有礼貌和有趣味，必要时可采用一些物质鼓励。对敏感性问题采取一定的技巧调查，使问卷具有合理性和可答性，避免主观性和暗示性，以免答案失真。

（6）高效率性原则。在保证获得信息量的前提下，问卷的长度、题量和难度应最小，一般回答问卷的时间控制在20分钟左右。

2.3.2　问卷的结构

一份完整的问卷一般会有以下六大组成部分：标题、问卷说明、被调查者基本情况、调查主题内容、编码和作业证明记载。

1. 标题

问卷的标题是调查主题和内容最直接的概括，需要用最简洁、最鲜明、最准确的语言表达，使被调查者对所要回答什么方面的问题有一个大致的了解，以便引起回答者的兴趣。设计标题，也是问卷设计者加深理解和把握调查的目标和内容的过程，有利于提高问卷的设计质量。

2. 问卷说明

问卷说明旨在向被调查者说明调查的目的、意义。有些问卷还有填表须知、交表时间、地点及其他事项说明等。问卷说明一般放在问卷开头，通过它可以使被调查者了解调查目的，消除顾虑，并按一定的要求填写问卷。问卷说明既可采取比较简洁、开门见山的方式，也可在问卷说明中进行一定的宣传，以引起调查对象对问卷的重视。

问卷说明的主要目的有三：首先说明调查的目的和意义；其次提出回答问卷的要求；最后要对被调查者表明谢意。问卷说明具体分为两部分：问候语和填写说明。

（1）问候语。问候语十分重要，它可以引起被调查者的重视，消除顾虑，激发参与意思，获得积极的配合与合作。问候语要亲切、诚恳、礼貌。具体内容一般包括称呼与问候；介绍调查的主办单位和个人的身份；简要地说明调查的目的与内容；保守秘密承诺；对被调查者的参与与合作表示真诚的感谢。

下面是一份关于了解女性对服装的态度和购买行为的调查问卷的问候语：

亲爱的女性朋友：您好！我是×××大学服装学院的硕士研究生，本调查的目的是了解现代女性的感觉、追求及其对服装的态度和购买行为，调查数据仅用于研究，您的回答信息绝对不会外传，希望您能根据自己的真实想法，认真回答每一个问题。非常感谢您的合作！

（2）填写说明。调查问卷要有详细的填写说明，告知被调查者如何填写，这部分内容可以集中放在调查问卷的前面，也可以分散到调查问卷中各个有关问题的前面。

3. 被调查者基本情况

这是关于被调查者或被调查企业的一些背景信息。这部分通常放在调查问卷的最后，其内容应根据研究内容确定，并非越详细越好。如在消费者调查中，一般包括被调查者的性别、年龄、职业、受教育程度、婚姻状况、家庭人口、经济收入等。这些内容可以了解不同年龄阶段、不同性别、不同文化程度的个体对待被调查事物的态度差异，有针对性地撰写调查报告。又如在企业调查中，一般包括被调查企业的名称、所在地区、所有制形式、企业规模、商品销售状况等。通过这些项目，便于对不同类型、不同地区、不同规模的企业的不同商品的调查资料进行统计分析。

4. 调查主题内容

调查主题内容是调查者所要了解的基本内容，是调查问卷中最重要的部分，最终以问卷和答案的形式体现出来。它主要是以提问的形式提供给被调查者，这部分内容设计的好坏直接影响整个调查的价值。主题内容主要包括以下几方面。

（1）对人们的行为进行调查，包括对被调查者本人行为进行了解或通过被调查者了解他人的行为。

（2）对人们的行为后果进行调查。

（3）对人们的态度、意见、感觉、偏好等进行调查。

5. 编码

编码是将问卷中的调查项目以及备选答案给予统一设计的代码。编码可以分为预编码和后编码。预编码，是指编码在问卷设计的同时就设计好。后编码，是指编码在调查工作完成以后再进行。问卷编码一般应用于大规模的问卷调查中，因为在大规模问卷调查中，调查资料的统计汇总工作十分繁重，借助于编码技术和计算机，则可大大简化这一工作。所以在实际调查中，常采用预编码，在问卷设计的过程中就应该对调查项目以及备选答案给予统一设计，有利于调查资料的准确、及时、完整地收集，便于计算结果的统计处理（如计算机输入）。

6. 作业证明记载

在问卷的最后，附上调查员的姓名、访问日期、时间等，以明确调查人员完成任务的情况。如有必要，还可写上被调查者的姓名、单位或家庭住址、电话等，以便于审核和进一步追踪调查。但对于一些涉及被调查者隐私的问卷，上述内容则不宜列入。

以上六个部分是一份规范、完整的调查问卷应该具备的内容，对于某些简单的调查问卷，如意见征询表、学生就业意向调查表等，只需要有标题、问卷说明、问题以及作业证明记载就行，无须面面俱到。

2.3.3　问卷的常用量表

市场调查中常需要了解被调查者的态度、感觉、认知等，需要借助各种数量方法加以测定。量表类型很多，应根据调查内容和对其结果的统计分析方法设计量表类型。下面是市场调查中最常用的几种量表。

（1）类别量表。类别量表即名义量表，又称类别尺度、名义尺度、列名水准，是用来区分总体单位属性类别的计量尺度，是根据被调查对象的性质进行分类。例如：被调查对象的性别分类、年龄段分类、职业分类、对某品牌服装是否购买过、对某种服装是否穿用过等。

下面是某调查问卷中关于被调查者的年龄分类：①20～25 岁；②26～30 岁；③31～35 岁；④36～40 岁；⑤41～45 岁；⑥46～50 岁。

这类量表只是对被调查者的年龄等性质进行分类，不能用来指出其他的差异性，目的是在分类的基础上进行进一步的统计分析。可供选择的统计方法有：频数分析、求众数、列联表分析、卡方检验等。

（2）顺序量表。顺序量表即顺序水准，又称序列尺度、等级尺度或次序尺度，是用来区分事物好坏、大小、多少、等级的一种计量水准。又表示各类别之间的顺序关系的一种量表，是依据各类别之间的程度差异进行排序，不表示各类别之间的差距。如被调查对象对某类服装多个品牌按其知名度进行排序回答：A＞B＞C＞D＞E＞F，这个答案具有比较性，但不确定各个品牌知名度程度的差异。

对于顺序量表数据的结果分析，主要有以下几种统计分析方法：可计算结果频数，得出第一喜欢、第二喜欢等的品牌各占的百分比，作列联表和卡方检验，还可作相关分析、非参数统计等。

（3）等距量表。等距量表又称差距量表，是表示各类别之间顺序和差距的量表。等距量表在服装市场调研中常常用于调查个人态度、品牌知名度和用户满意度等。例如，可以把满意度设定为1～5，也可以设定为0～100，还可以设定为－5～＋5，它们是等效的。明确指出了各答案类别的顺序，又表明了各分数之间的差距。处理等距量表数据常用的统计方法包括：求平均数、标准差、方差分析、回归分析、因子分析、聚类分析等。

（4）等比量表。等比量表是表示各个类别之间的顺序关系成比例的量表，其数据是表示各个类别之间的顺序关系成比率的数据，是一种特殊的间距数据。它是具有一定单位的实际测量值，这类数据可以做加减乘除运算以及基于加减乘除的运算，并适用各种统计方法。下列问题常常使用比率尺度：您每月用于服装的消费占可支配收入的比率是多少？0%～5%，6%～10%，11%～15%，16%～20%，21%～25%，26%～30%，30%以上。

2.3.4　问卷的设计流程

不同的调查目的、不同的调查对象、不同的调查内容、不同的调查方法都会导致调查问卷的结构、量表类型和问题类型的不同。对于同一调查项目，不同的调查者会设计出若干种调查问卷，并且也很难确定出最优的调查问卷，但调查问卷设计的设计程序是基本相同的。

（1）确定调研目的和主题。问卷设计首先需要明确调研的目的是什么，充分了解调研的目的、主题和理论假设，并将其具体化、条理化，形成可以测量的变量和指标。例如：某公司的成熟品牌需要拓展新的品牌，需要了解目标消费群体的服装消费态度与行为，围绕这一调研目的，便可确定一系列调查主题。如目标消费群体的价值观、服装消费观、服装消费态度、服装购买动机、服装购买信息来源、服装购买场所、选择服装购买场所的标准等。只有在保证问卷的调查内容与调研的目的相一致的前提下，问卷设计的下一步工作才会进行得更顺利更有效。

（2）确定所需信息的分析方法。确定所需信息是问卷设计的前提工作。调查者必须在问卷设计之前就明确知道要达到调研目的所需要的信息有哪些，并决定用于分析这些信息的方法。

例如调查被调查者对某品牌服装的购买情况，可采用频率分布分析方法分析购买过此品牌服装的人数占被调查者总数的比率；调查分析不同类型消费者的服装行为差异可采用交叉分析方法进行分析；调查不同消费群体的服装消费行为差异并验证其差异的显著性可采用均数分析、假设检验的T检验和方差检验等方法进行分析；调查消费者的个人信息、服装消费行为等要素之间的关联性可采用相关分析与回归分析方法进行分析；将调查消费者对服装的态度、选择评价等多因素进行归纳整理时，可采用因子分析和聚类分析等。要按这些分析方法所要求的形式来确定问卷问题的类型和调查方法，保证选择问卷问题的类型和调查方式能够满足调查目的对信息准确度的要求。

（3）确定问题的具体内容。问卷问题的具体内容确定，通常是从对研究目标的分析开始，将调研目标转换成特定的信息需求，并将这些特定的信息需求转化成为用明确的文字表述出来的问卷问题内容。问卷问题的具体内容可以从这三方面着手设立：借鉴阅读过的文献确定问卷问题的内容、根据调查研究假设设定问卷问题、从数据处理的角度考虑问题的设立。

（4）确定问题及其回答形式。调查问卷中最常用的问题是封闭式问题，其次是半封闭式问题和开放性问题。封闭式问题常用的有两项式问题、多项选择式问题、顺序式问题、量表式问题（李克特量表、语义差异量表、数值分配量表等）和混合型问题（半封闭、半开放的类型）。

调查问卷的提问方式多种多样，实际使用的调查问卷中，单纯采用一种类型问题的问卷并不多见，往往是几种类型的问题同时使用。

（5）确定问题的措辞。问题措辞是指把欲调查的问题用被调查对象能够清晰且轻松准确理解的语言表达出来，这是调查问卷设计最关键且最困难的环节。总体上来说应该陈述简洁、用词准确；注意避免问题的诱导性和专业性；还要考虑到被调查者回答问题的能力和意愿。

（6）确定问题的编排顺序。编排顺序一般遵循以下准则：把能引起被调查者兴趣的问题放在前面，把容易引起他们紧张或产生顾虑的问题放在后面；把简单易答的问题放在前面，把复杂难答的问题放在后面；把被调查者熟悉的问题放在前面，把他们感到陌生的问题放在后面。

（7）问卷的预调查、修订和定稿。问卷设计出来后，先要通过小规模的预调查，以便于发现问卷初稿所存在的问题，如内容是否被遗漏、问卷是否太长、问题表达是否清晰等。预调查最好采用面谈调查的方法，以便于直接发现问卷的问题。调查问卷中的问题除了封闭式的问题外，还可以多设置一些开放性问题，以便了解问卷内容的不足。问卷经过一次、两次或更多次的预调查与反复修改后，方可定稿，交付打印，正式投入使用。

（8）评价问卷。一份理想的问卷，既要能准确反映所要研究现象的属性，又要能在一定条件下以最小的计量误差得到所需的所有信息。问卷设计完成后，可以通过信度和效度来评价问卷设计质量，尤其是对量表进行测试。

① 信度。问卷的信度（Reliability）是指问卷调查的结果的稳定性或一致性。

即采用同一方法对同一对象进行重复调查时，问卷调查结果表现出来的性质（一致性、稳定性），即测量工具（问卷）能否稳定地测量所测的事物或变量。如果问卷的信度高，调查结果就不会因为指标、测量工具或测量设计本身的特性而发生变化；反之亦然。

评价问卷信度的方法可分为重复检验法、交错法、折半法和内部一致性等。

重复检验法，是用同一问卷在不同的时间对同一群受试者前后测量两次，然后计算两次测量分数的相关系数，相关系数越大说明两次测量结果的一致性越高。一般前后两次测验相隔时间要适度，相隔时间越长，稳定系数越低。

交错法，是指研究者设计两份问卷，每份使用不同的问题，但测量的是同一个属性，让同一群受访者回答。根据两份问卷的测量结果的相关系数计算问卷信度，这种信度又称为交错信度。该种方法要求两份问卷在题数、形式、内容以及难度、鉴别度等方面都要一致。

折半法，是将一份问卷中的问题随机分为两组（通常要求这两部分问题数目相等），然后考察这两部分的测量结果的相关系数。如果结果高度相关，问卷就是可信的，反之亦然。这种信度又称为折半信度。将问卷分为两半的方法有很多，最常用的是将奇数题和偶数题分开。

内部一致性，是利用测量量表中题项的同质性来测量信度。量表的内部一致性程度会影响题项的相关度。阿尔法系数（α）常用于度量内部一致性信度，α 被定义为量表中由共同的因素所引起的总体方差的比例。

② 效度。问卷的效度（Validity）是指问卷调查的结果接近所要调查的变量的内涵的程度，即效度代表问卷在调查中的正确性和准确性。效度越高，表示问卷调查结果越能显示其所要测量的特征。如果说根据某项特征能够区分人、物或事件，那么说某个测量该特征的测量工具是有效的，就是指它的测量结果能把具有不同特征的人、物或事件进行有效的区分。常用的有表面效度、内容效度和效标效度。

表面效度是指研究者通过对所要测量的变量或者概念的审视，判断问卷问题在表面上是否能够反映出所要测量的概念。调查效果和人们头脑中的印象或学术界形成的共识之间的吻合程度，吻合程度高，表面效度就高。

内容效度是指测量在多大程度上涵盖了被测量概念的全部内涵，测量工具代表概念定义的内容越多，内容效度就越高。

效标效度是指测量结果与一些标准之间的一致性程度，这些标准能够精确表示被测概念。

③ 信度与效度的关系。信度是效度的必要条件，但不是充分条件。一个测量

工具要有效度必须有信度，没有信度就没有效度；但是有了信度不一定有效度。

信度低，效度不可能高。因为如果测量的数据不准确，也并不能有效地说明所研究的对象。

信度高，效度未必高。例如，如果我们准确地测量出某人的经济收入，也未必能够说明他的消费水平。

效度低，信度很可能高。例如，即使一项研究未能说明社会流动的原因，但它很有可能很精确、很可靠地调查了各个时期各种类型的人的流动数量。

效度高，信度也必然高。

2.4　本章小结

1. 服装市场调研方案设计

服装市场调研方案设计是市场营销调研活动的根本，更是企业的决策者和管理者判断某一具体调查是否可行的重要前提。服装市场调研方案设计是指服装市场调研准备阶段到市场调研方案确定的先后顺序和具体步骤，是对调研工作的各个方面和全部过程的通盘考虑。

服装市场调研方案设计的特点：可操作性、全面性、规划性、最优性。

服装市场调研方案设计的原则：科学性原则、可行性原则、有效性原则、弹性原则。

服装市场调研方案的设计有以下四个方面的意义：从认识上讲，服装市场调研方案设计常常是从定性认识过渡到定量认识的开始阶段；从工作上讲，服装调研方案设计起着统筹兼顾、统一协调的作用；从实践要求上讲，服装调研方案设计能够适应现代市场调研发展的需要；从市场竞争角度上讲，目前的市场调研项目委托方一般都采取招标的方式来选择最理想的合作伙伴。

服装市场调研方案设计通常包括以下 9 个主要方面的内容。确定调研目标、确定调研内容（服装市场环境调研、服装市场需求调研、服装市场营销事务调研、竞争对手调研）、确定调研对象、确定调研方法、确定调研资料整理和分析方法、确定调研进度、确定人员计划、确定费用预算、确定提交报告的方式。

2. 问卷设计

问卷是调查者根据调查目的和要求，按照一定的理论假设设计出来的，由一系列问题、被选答案、说明以及代码表所组成的书面文件，是向被调查者收集资料的一种工具。问卷调查假定研究者已经确定所要问的问题，把这些问题打印成问卷，或编制成书面的问题表格，交由调查对象填写，然后收回整理分析，从而得出结论。

问卷的类型：结构型问卷（封闭式问卷、开放式问卷、半封闭式问卷）、非结构型问卷。

问卷设计的六大原则：目的性原则、准确性原则、顺序性原则、可量化原则、可接受性原则、高效率性原则。

问卷的结构一般会有以下六大组成部分：标题、问卷说明、被调查者基本情况、调查主题内容、编码和作业证明记载。

市场调查中最常用的四种量表：类别量表、顺序量表、等距量表、等比量表。

问卷设计八大流程：确定调研目的和主题；确定所需信息的分析方法；确定问题的具体内容；确定问题及其回答形式；确定问题的措辞；确定问题的编排顺序；问卷的预调查、修订和定稿；评价问卷。

案例分析

案例一　女大学生文胸消费状况的调研

一、调查背景与目的

文胸是成年女性必备的内衣产品。穿戴文胸可以使乳房各部位的受力变得均衡，从而保持乳房的血液循环，防止乳腺因为血流不畅而影响乳房的发育，还可以避免在行走或运动时因乳房震荡引起的乳房组织松垮而下垂。女大学生年龄普遍在18～24岁之间，处在青春发育期的黄金年龄段，从生理医学的角度而言，这个时期的女性应该穿戴文胸。同时女大学生又是一个特殊的消费群体，她们知识丰富、个性飞扬，主张健康和时尚，相比其他年龄段的成年女性更注重自己的礼仪与形象，对文胸有着特殊的要求。为了能更清晰、全面地了解女大学生的文胸消费状况，为企业及零售商进行合理的产品设计、研发和销售提供参考，特展开本次调查。

二、调查对象和方法

采用问卷调查的方式开展调研。问卷设计采用封闭式问题为主，开放式问题为辅。对回收问卷进行统计，并对统计结果进行分析。

选取××大学城为调研地点，调查对象为该区域内在校女大学生。采用随机抽样的方式，预计发放问卷400份。

三、调查内容

女大学生文胸消费状况的调研内容涉及女大学生对文胸消费行为、设计元素和穿着体验三方面。具体如表 2-1 所示。

表 2-1　调查内容

调查内容	具体内容
文胸消费行为	1. 价格;2. 次数;3. 场所;4. 品牌
设计元素	1. 材质;2. 款式;3. 色彩;4. 装饰;5. 功能
穿着体验	1. 质量感;2. 触感;3. 心理满意度

四、调查进度安排

女大学生文胸消费状况的调查进度安排如表 2-2 所示。

表 2-2　调查进度安排

时间	完成内容
8 月 2 日	完成调查方案
8 月 15 日	完成现场调查
8 月 20 日	完成数据处理
8 月 30 日	完成调查报告

五、调查人员与质量控制

委托当地调查公司或大学生实施调查。由市场部调查专员与受委托方共同控制调查质量。

六、经费预算

与调查公司协商确定。

案例二　国内商务男装品牌竞争力调查

您好！我是服装专业的研究生，目前正在进行一项有关国内男装品牌认知度、选购偏好和网络消费现状及发展趋势的调查，在此希望可以占用您几分钟的宝贵时间填写此问卷，请您按照自己的真实想法如实回答，您的回答结果对于这次研究十分重要。您所提供的数据资料仅用于学术研究，非常感谢您的帮助与配合！

一、国内男装品牌认知程度以及选购偏好问卷调查表

第一部分：国内男装品牌认知程度以及选购偏好

1. 请问您最近一年共购买几件/套男士正装西服（包括为亲人购买）

□0；□1～3；□3 以上

2. 您对这些品牌哪几个知晓度较高？（不定项选择）

□雅戈尔；□报喜鸟；□罗蒙；□七匹狼；□劲霸；□柒牌；□利郎；□才子；□九牧王；□与狼共舞；□其他（请注明）__________

3. 您购买这些男装时，主要考虑以下哪几个因素或意见？（选择 2 个）

□价格；□质地做工；□款式；□品牌；□店堂布置；□同学/朋友/同事推荐；□媒体广告；□促销活动；□时尚杂志推荐；□其他（请说明）__________

4. 您购买这些男士商务男装的心理价位是

□1000 元以下；□1000～2999 元；□3000～5999 元；□6000～9999 元；□10000 元以上

5. 您是从什么渠道了解这些男装品牌的？（不定项选择）

□时尚杂志；□逛街；□朋友介绍；□媒体广告；□关于企业的新闻报道；□其他（请说明）__________

6. 以上男装品牌，选择你最感兴趣的几个品牌，说说您首先想到什么以及建议？（请写出三个您最先想到的词汇）

____

____

____

第二部分：调查对象基本信息

1. 性别

□女性；□男性

2. 年龄

□20～24 岁；□25～29 岁；□30～34 岁；□35～39 岁；□40 岁以上

3. 居住地区和类别

□上海；□南京；□其他（请注明）__________；□城市；□城镇；□农村

4. 学历

□高中；□大专；□本科；□硕士；□博士（含以上）

5. 所在行业

□信息业；□制造业；□农林渔牧业；□服务业；□金融证券保险业；□专业技术服务业；□国家行政机关；□学生；□无；□其他__________

6. 职业身份

□农民，工人；□一般职员；□专业技术人员；□中层管理人员；□领导或高层管理人员；□学生；□私营或个体劳动者；□其他__________

7. 月收入

□无；□2000～2999 元；□3000～6999 元；□7000～9999 元；□10000～29999 元；□30000 元以上

二、男装网络消费现状及发展趋势问卷调查表

1. 您对网络消费的了解程度

□高　□中　□低

2. 您对于网络购物以及网上支付方式的信任程度

□高　□中　□低

3. 您参与网络购物的频率

□高　□中　□低

4. 您对于男装产品网络销售的认可程度

□高　□中　□低

5. 您对于通过网络所购男装商品的满意程度

□高　□中　□低

6. 您通过网络购买价值千元以上男装产品的可能性

□高　□中　□低

7. 您通过网络购买男装产品时，对品牌的要求

□高　□中　□低

8. 您未来通过网络购买男装产品的可能性

□高　□中　□低

以上的问卷到此结束，再次感谢您的抽空配合，谢谢！

第3章　服装市场调研方法

市场调查方法选择恰当与否，对调查结果有很大的影响，因此服装企业必须根据具体情况，选择科学的市场调查类型和方法，以保证获得准确的调查信息，为正确决策提供可靠的依据。服装市场调查方法分为文案调查法、实地调查法和网络调查法。

3.1　文案调查法

3.1.1　文案调查法的内涵

1. 概念和特点

市场调研人员所需要的资料可分为两大类：原始资料和二手资料。原始资料是调研人员为特定目标而收集的一手资料；二手资料也称已有资料、次级资料，是其他人或机构为了其他目的而收集、记录和整理出来的有关资料。

文案调查法（Desk research survey）又称间接调查法、资料分析法或室内研究法，是指调查者通过收集各种历史和现实的资料，对资料进行整理、分析，得到与调查目的有关的各种信息的一种调查方法。

文案调查法具有以下几个特点。

(1) 文案调查法是收集已经加工过的二手资料，而不是对原始资料的搜集。

（2）文案调查法收集的资料包括动态和静态两个方面的信息，尤其偏重于从动态角度，收集各种反映调查对象变化的历史与现实资料。

（3）文案调查法是以收集文献性信息为主，它具体表现为各种文献资料。

（4）文案调查法不受时空限制。

2. 优点和局限性

各种市场调查方法都有其优点和局限性，只有对其有清楚的认识，才能在应用该方法时加以选择和评估。

（1）文案调查法具有的优点

① 应用范围广，受调查时间、空间和费用的限制比较少。

② 操作方便、简单。

③ 成本低。相对实地调查法而言，成本较低。

④ 间接性。可以研究那些研究者不能直接接触的研究对象，并且研究对象不受研究者的影响。

（2）文案调查法的局限性

① 调查人员的素质对调查结果影响较大。调查人员的专业眼光、知识及技能，直接影响调查结果的可靠程度。

② 所收集资料的质量差异较大。二手资料来源繁杂，其时效性、真实性、准确性以及针对性程度参差不齐，必须经过甄别、筛选、组织才能使用。

③ 时限性。文案调查法所收集的主要是调查对象的历史资料，无法收集现实资料。

④ 不可得性。有些问题，可能根本不存在二手资料，因而无法收集。

3. 功能

文案调查既可以作为一种市场调查方法单独使用，为服装企业发展决策提供依据，同时，也作为实地调查的基础和补充，与实地调查方法相互依存和促进。

（1）可以为服装企业的发展决策提供依据。通过对二手资料的信息挖掘，服装企业可以洞察市场的动态和新的发展趋势，帮助企业发现新的市场机会，确定正确的发展方向。

（2）可以为开展实地调查奠定基础。文案调查可为实地调查提供经验和大量背景资料。

① 通过文案调查，可以初步了解调查对象的性质、范围、内容和重点等，并能提供实地调查无法或难以取得的各方面的宏观资料，便于进一步开展和组织实地

调查。如在进行商圈调查之前可查阅相关资料为进一步的实地调查提供二手资料。

② 通过文案调查可以对以往类似调查资料进行研究，查阅相关的二手资料，以此来指导实地调查的设计。如在进行服装品牌忠诚度的实地调研前，通过查阅相关二手资料，参考以往相关研究，从而完善品牌忠诚度测试题项，帮助进行调查设计。

（3）可以帮助理解和使用实地调查收集的原始资料

① 可以通过文案调查所收集的二手资料与实地调查资料进行对比，鉴别和证明实地调查结果的准确性和可靠性。

② 利用文案调查资料，可以帮助探讨实地调查所发现现象的各种原因并进行说明。

3.1.2 文案调查法的内容和渠道

在明确调查目的的基础上，调查人员需要考虑收集哪些二手信息来满足调查目的的需要，在确定需要收集二手资料内容的基础上寻找收集渠道。

1. 文案调查的内容

服装企业所关注的二手信息非常丰富多样，他们经常关注的通常包括以下几方面。

（1）宏观环境与政策。服装行业易受到宏观环境与政策的影响，对宏观环境与政策的关注有利于企业调整策略、规避风险、发现新的商机等。宏观环境与政策信息主要包括以下内容。

① 人口经济、政治法律、社会文化、利率税收等信息。

② 政府经济发展规划，重点发展行业及政策信息。

③ 城市规划、商业网点布局、流通体制变化等资料。

（2）产业与市场信息。服装企业对产业与市场信息的关注，有助于企业对服装产业的总体态势有所把握，并为企业制定正确的营销组合决策提供帮助。产业与市场信息主要包括以下方面。

① 产业总体发展水平、发展趋势、行业结构与规模、产业链分布等信息。

② 原材料信息。原材料供应、材料新技术、新趋势等。

③ 设计信息。流行趋势、设计新思路、新技术、设计管理等。

④ 生产信息。生产新技术、加工能力、新设备、生产商分布等。

⑤ 商贸信息。供求信息、经营模式、市场格局、市场占有率、竞争态势等。

（3）消费者信息。对消费者的关注可以为企业提供一些发展的新思路，发现一些市场机会，同时也可以帮助企业进行市场营销策略的制定。消费者信息主要包括以下内容。

① 消费者基本属性。年龄、收入、生活方式、价值观等。

② 消费者需求趋势、消费心理、态度、消费习惯、购买力、购买习惯与偏好等。

2. 文案调查的渠道

服装企业所需二手资料的主要渠道来源包括企业内部资料和企业外部资料。

（1）企业内部资料。内部资料是指关于市场调查机构经济活动的各种记录，主要包括以下几种。

① 业务资料。是指与业务经济活动有关的各种资料，如订货单、进货单、发货单、合同文本、发票、销售记录、退货记录等。

② 统计资料。主要包括各类统计报表，企业生产、销售、库存等各种数据资料，各类统计分析资料等。如面辅料采购和消耗、车间生产能力、出批次数量、销售报表、库存变化等。

③ 财务资料。财务资料反映了企业活动和物化管理占用和消耗情况及所取得的经济效益，通过对这些资料的研究，可以确定企业的发展情景，考核企业的经济时效。如成本核算、存货核算、现金流量报表、财务报表、销售成本、经营利润等。

④ 其他资料。如各种剪报、调研报告、经验总结、访谈记录、顾客信息等。

（2）企业外部资料。外部资料是指公共机构提供的已出版和未出版的资料，主要包括以下几种。

① 政府机构及经济管理部门。国家和地方各级统计局定期发布的统计公报、统计年鉴等资料，财政、工商、税务、银行等机构公布的方针、政策、法令、经济公报、统计公报等信息。

② 各种信息咨询机构。例如，国家经济信息中心、国家统计信息中心等机构通常提供资料的代购、咨询和检索等服务。

③ 行业协会和联合会。这些机构会发表和保存有关行业的销售情况、经营特点以及发展趋势等信息资料。

④ 各地电台、电视台。许多电台和电视台开设了经济频道、各类经济栏目、经济专题节目，传播经济信息。

⑤ 国内外各种博览会、展销会、订货会发布的促销信息，各种国际组织、外国使馆、商会提供的国际市场信息。

⑥ 上市公司公开披露的信息。包括上市公司的财务报表以及重大投资、经营活动公告等。

3.1.3 文案调查法的实施

1. 原则

文案调查要根据调查目的和要求，从二手资料中识别归纳出有价值的信息资料，减少资料收集的盲目性，需要遵循以下原则。

（1）真实性。需要对所收集的二手资料进行认真鉴别和筛选，鉴别其真实性。

（2）广泛性。要通过各种信息渠道，利用各种机会收集全面的有价值信息。

（3）相关性。所收集的二手资料必须要与该调查目的息息相关。

（4）时效性。要注意考察所收集二手资料的时间是否能保证调查的需要，只有反映最新市场活动情况的资料才是最有价值的资料。

（5）经济性。在收集二手资料时需要考虑成本控制和能产生的经济效益。

（6）针对性。有针对性地重点收集与调查课题有关的第二手资料，注意收集内容的针对性，对资料的来源进行定向搜集。

2. 步骤

作为一种常用的市场调查方法，文案调查也需要制订一份科学、有效地实施计划，以指导和监督调查人员进行实际调查工作，文案调查的步骤如下。

（1）确定市场调查目的，明确调查主题。

（2）确定资料来源渠道，收集资料。

（3）评估二手资料。

（4）二手资料的筛选与分析。

（5）撰写文案调查报告。

所有的市场调查都基于对调查目的的清晰认识，在此基础上，确定所需收集的二手信息，并寻找收集渠道，信息收集后需要对所收集的信息进行评估、筛选与分析，完成报告的撰写。

3. 方法

要想研究现有的资料，必须先查找现有的资料。对于文献性资料来说，科学地查寻资料具有十分重要的意义。从某种意义上讲，文案调查方法也就是对资料的查寻方法，我们在此主要介绍文献性资料的查寻方法。

（1）参考文献查找法。利用有关著作、论文的末尾所开列的参考文献目录，或者是文中所提到的某些文献资料，以此为线索追踪，查找有关文献资料的方法。采用这种方法，可以提高查找效率。

（2）检索工具查找法。依检索工具不同，检索方法主要有手工检索和计算机检索两种。

① 手工检索。进行手工检索的前提，是要有检索工具，因收录范围不同、著作形式不同、出版形式不同而有多种多样的检索工具。以著录方式来分类的主要检索工具有三种：目录、索引、文摘。

② 计算机检索。与手工检索相比，计算机检索不仅具有检索速度快、效率高、内容新、范围广和数量大等优点，而且还可打破获取信息资料的地理障碍和时间约束，能向各类用户提供完善的、可靠的信息，在市场调查电脑化程度提高之后，将主要依靠计算机来检索信息。

3.2 实地调查法

3.2.1 询问法

1. 询问调查法的含义、特征及类型

询问调查法是直接调查法中非常常用的一种方法，可以借以了解被调查者的行为、动机、情感、态度等多方面的信息，因此它在服装行业有着非常广泛的应用。

询问调查法也称访谈法，是指将所要调查的事项以当面、电话、邮寄等方式向被调查者提出询问，以获得所需资料的调查方法。

询问法具有以下三个特征：方式灵活性、设计简明性、计划周密性。

询问调查法有以下几种类型。

（1）根据访问的方式，可以分为直接访问法和间接访问法。

（2）根据访问的内容，可以分为标准化访问和非标准化访问。

（3）根据调查人员与被调查者的接触方式，可以分为面谈访问法、电话访问法、邮寄访问法。

2. 主要的询问调查法

（1）面谈访问法。面谈访问法是指调查者根据调查提纲直接访问被调查者，当面询问有关问题，既可以是个别面谈，也可以是群体面谈。

面谈访问法的优点：拒答率较低；灵活性高；调查资料的质量较好；调查对象

的适用范围广。

面谈访问法的局限性：调查费用较高；对调查者的要求较高；匿名性较差；访问调查的周期较长。

（2）电话访问法。电话访问法是指由调查人员通过电话向被调查者询问了解有关问题的一种调查方法。由于彼此不直接接触，而是借助于电话这一中介工具进行，因而是一种间接的调查方法。

电话访问法的优点和局限性：电话访问法的突出优点是信息反馈快、费用低、辐射范围广。其局限性主要表现在以下几个方面。

① 由于电话访问法调查的项目过于简单、明确，而且受通话时间的限制，因而调查内容的深度远不及其他调查方法。

② 电话访问法的结果只能推论到有电话的对象这一总体，因而先天存在着母体不完整的缺陷，不利于资料收集的全面性和完整性。

③ 不能使用视觉的帮助。

④ 通过电话进行，调查者不在现场，因而很难判断所获信息的准确性和有效性。

（3）邮寄访问法。邮寄访问法是指将调查问卷邮寄给被调查者，由被调查者根据调查问卷的填写要求填好后寄回调查部门或者公司的一种调查方法。

邮寄访问法的优点：调查空间范围广；调查成本低；调查内容多。

邮寄访问法的局限性：问卷回收率低；问卷回收期长、时效性差；容易产生理解差错。

3.2.2 观察法

1. 观察法的含义、特征及类型

观察法是指调查员凭借自己的感官和各种记录工具，在被调查者未察觉的情况下，直接观察和记录被调查者的行为，以收集市场信息的一种方法。观察法不直接向被调查者提问，而是从旁观察被调查者的行动、反应和感受。

（1）观察法的特征

① 计划周密，目的明确。观察法所观察的内容是经过周密考虑的，是观察者根据特定需要，有目的、有计划地收集市场资料，研究市场问题的过程。

② 自然、客观、全面。观察记录的是当时正在发生的、处于自然状态下的市场现象，并且一般被观察者并未意识到正在被观察，未受到观察者干扰，因而具有自然、客观的特点。要求观察人员在充分利用自己感觉器官进行有目的的观察时，

还要尽量运用科学的观察器械，对被观察者进行系统、全面的观察。

③ 避免观察人员主观偏见，观察法可以重复查证。观察者只需将观察到的内容如实记录，不受主观影响。观察法的观察内容应该是频繁发生的，对于偶尔发生的现象，很难搜集、掌握反映其内在规律的信息，是不适合使用观察法的。

（2）观察法的类型

① 按照观察结果的标准化程度，划分为结构性观察和非结构性观察。

② 按照观察人员参与活动深浅不同，划分为完全参与观察、不完全参与观察和非参与观察。

③ 按照对观察现场环境控制不同，划分为自然环境观察和设计环境观察。

④ 按照观察所采用的工具不同，划分为人员观察和机械观察。

⑤ 按照所选观察时机不同，划分为即时观察和痕迹观察。

2. 观察法的优点和局限性

（1）观察法的优点。记录客观，资料可靠。被观察者的活动处于正常自然的状态，从而可以客观地搜集、记录观察现场实况，搜集第一手资料，调查资料真实可靠、准确性高，调查结果更接近实际。

避免观察双方主观干扰。观察法基本上是观察者的单方面活动，不依赖语言交流，不会受到被观察者意愿和回答能力等有关方面的困扰。

无须获得被观察者的合作，可以搜集到访问法所不易得到的资料，如可观察到不易接触的人群等。

（2）观察法的局限性。表面性和偶然性是观察法的最大缺点。只能观察到公开的行为，一些私下的行为难以观察。观察法也难以了解到人们的动机、态度、想法和情感。

观察法限制性比较大。观察法常受到时间、空间和经费的限制，常需要大量观察者到现场做长时间观察。

对观察者素质要求较高。观察法要求观察者具备敏锐的观察力、良好的记忆力、应变能力强等素质，否则，会影响调查效果，使观察不够深入、全面等。

3.2.3　实验法

1. 实验法的含义、特征及类型

（1）实验法的含义。实验法是指调查人员从影响调查对象的诸多因素中，有目的地选出一个或几个因素，在其他情况不变的条件下，改变所选因素以观察市场调

查对象的变动情况，从而确定其存在的因果关系，以了解市场现象的本质特征和发展规律。

（2）实验法具有的特征

① 可对比性。必须将实验结果与实验对象的相关资料情况进行对照、比较、分析，以找出事物之间的因果关系。

② 可控制性。调研人员必须可有效性地控制所选择的自变量，并测量这些自变量对因变量的影响。

③ 同一性。对于反复进行的同一实验，其实验条件必须相同，这样才能保证多次实验结果的同一性、准确性，从而保证可推广与实践。

（3）实验法的类型

① 实验前后无控制对比实验。这种实验方案是通过记录观察对象在实验前后的情况，了解实验变化的结果。观察对象只有一个实验单位，实验因素也只有一个。

② 实验前后有控制对比实验。指控制组事前事后实验结果同实验组事前事后实验结果之间进行对比的一种实验调查方法。

③ 控制组与实验组连续对比实验。在实际生活中，控制组与实验组的条件是不相同的，往往会影响实验结果。为了消除非实验因素的影响，可采用控制组与实验组连续对比实验。这是对实验组和控制组都进行实验前后对比，再将实验组和控制组进行对比的一种双重对比的实验法。

④ 单因子随机实验。当实验单位很多，市场情况十分复杂时，按主观的判断分析选定实验单位就比较困难。这时可以采用正规设计实验，即采用随机抽样法选定实验单位，使众多的实验单位都有被选中的可能性，从而保证实验结果的准确性。

⑤ 双因子随机实验。这种实验是同时考察两种因子或因素对实验变量（指标）的影响，借以寻找两种因子的最佳组合。

2. 实验法的优点及局限性

（1）实验法的优点

① 客观性及科学性强。实验法是一种真实的或模拟真实环境下的具体的、科学的调查方法，因而具有很强的真实性和客观性，结果具有较大的推广实用性。

② 可控性及主动性强。实验法通过实验活动提供市场发展变化的资料，不是被动等待某类市场现象的发生，而是积极主动地去揭示或确立市场现象的相关关系。它不但可以说明是什么，而且可以说明为什么，还具有可重复性，因而其结论

具有较强说服力。

③ 可提高调查的精确度。实验法可排除人们主观估计的偏差，调研人员可有效控制实验环境，进行反复试验，使调研的结果更为精确。

④ 适用面广、通用性强。实验法可用于绝大部分的调查活动，在访问法和观察法的调查过程中，都可以适当加入实验法，以获得更有说服力的资料。同时，实验法的几个常用方法相当简单实用，因而其通用性较强。

（2）实验法的局限性

① 市场中的可变因素难以掌握，实验结果不易相互比较，往往带有一种特殊性。

② 有一定的限制性。只能分析事物的因果关系，不能对过去情况进行分析，并预测未来情况。

③ 风险较大，样本获取复杂，需对多种情况进行分析。费用高，实际作业上较困难。

④ 保密性差。现场实验或市场测试暴露了在真实市场中要进行的某个营销计划或营销计划的某些关键部分，使其竞争对手在大规模市场推广之前考虑出对策，竞争对手还可能会有意干扰现场实验的结果。

3.3 网络调查法

3.3.1 网络调查法的内涵

1. 网络调查法的概念和特点

（1）网络调查法的概念。网络调查法，是指在互联网上针对特定营销环境进行调查设计、收集市场信息的一种调查方法。

（2）网络调查法的特点

① 速度快。网络调查是开放的调查，任何网民都可以在网上进行投票和查看调查结果，而且在投票信息经过统计分析软件初步自动处理后，可以马上查看到阶段性的调查结果。

② 成本低。实施网络市场调查节省了传统市场调查中耗费的大量人力和物力。传统调查方式中最繁重的信息采集和录入工作，在网络调查中只需要有能上网的计算机就可以了，企业可通过网站发布在线调查问卷，网民填好后由分析软件进行整理分析。这样可以无人操作和不间断地接受调查填表，信息检验和信息处理都由计

算机自动完成。

③ 交互性强。网络的最大好处是交互性，因此在进行网络调查时，被调查者可以及时就问卷相关问题提出自己更多的看法和建议，从而可减少因问卷设计不合理而导致的调查结论偏差问题。

④ 调查结果客观可靠。实施网络调查，被调查者是在完全自愿的原则下参与的，避免了传统调查中的一些人为主观错误，因此问卷填写信息可靠，调查结论客观。

⑤ 无时空、地域限制。互联网是开放的，任何网民都可以在任何时间地点进行投票和查看结果，而且网络可迅速反馈信息结果，提交问卷和收到问卷几乎同步完成，因而范围广、时效性强。

⑥ 可检验性和可控制性。利用互联网进行网上调查收集信息，可以有效地对收集信息的质量实施系统的检验和控制。

2. 网络调查法的优点和局限性

(1) 网络调查法的优点

① 无时空限制。这是网络调查所独有的优势。网络调查不受时间的限制，任何时候只要网络畅通都可进行调查。不仅如此，网络调查在地域空间上更是具有极大优势，在网络上没有空间界限，地球是一家。这样不仅大大提高了访问率，而且通过网上邀请，还可以方便地邀请到国内外的名人、要人，或平时难以接触到的人士做客聊天室，进行“面对面”交流或进行深层访谈，这也是传统面访调查方式可望而不可即的。

② 周期短。传统的市场调查周期一般都较长，网络调查利用覆盖全球互联网的优势弥补了这一不足。它能够通过网络迅速地获取信息、传递信息和自动处理信息，因而可以大大缩短调查周期，提高调查的时效性。

③ 经济性。实施网上调查在信息采集过程中不需要派出调查人员，不需要印刷调查问卷，调查过程中最繁重、最关键的信息采集和录入工作分布到众多网上用户的终端上完成，可以无人值守和不间断地接受调查填表，信息检验和信息处理由计算机自动完成。同时由于网络调查的结果开放、共享，调查成本低，具有经济性。

④ 客观性。网络调查被访者是主动参与的，而且被访者在独立思考的环境下填写问卷，不受调查员和外在因素干扰，避免人为错误导致调查结论的偏差，最大限度保证结果的客观性。

⑤ 可靠性。网络调查的信息质量具有可靠性，主要表现在：一是实施网上调

查，被调查者可以自由选择是否接受调查，能完全自愿地选择感兴趣的问题，因此在填问卷时会比较认真；二是可在网络调查问卷上附加全面、规范的项目解释，有利于消除因对项目理解不清或调查员解释口径不一致而造成的误差；三是问卷的复核由计算机依据设定的检验条件和控制措施自动实施，有效保证问卷检验的全面性、客观性和公正性；四是通过被调查者身份验证技术，可以有效地防止信息采集过程中的虚假行为。可见搜集的资料可靠性较高。

⑥ 互动性。网络调查能够设计出多媒体问卷，直观地通过文字、图形和其他各种表现形式作出选择和回答，还可将选项的排列进行随机化设计以避免排列顺序对调查结果的影响，提高问卷设计的质量。

（2）网络调查法的局限性

① 抽样框问题。抽样框是在调查中可以调查的个体的集合。如在电话调查中，常把住宅电话号码簿作为抽样框；在网络调查中，常把个人电子邮箱账户作为抽样框。网络调查中主要存在两类问题：一是并非目标总体中的每一个个体都在抽样框中；二是网络调查中受访者限于网民，而中国的网民只占人口的少部分，网络传播对受众的文化素质要求较高，所以抽样框受到限制，造成抽样框误差。这是发展网络问卷调查的一个难点问题。

② 对被调查者的身份难以界定。由于网络的匿名性特点，对被调查者的身份和特征很难界定，这也是网络调查的一个缺陷。在网上，人们的性别身份可以男扮女或女扮男，职业身份也可以由白领改换为蓝领，这些身份的颠倒，影响了网络调查的可信度。

③ 对被调查者填答问卷的质量难以控制。现场调查可以及时发现被调查者作答时的质量问题，而网络调查则做不到这一点。

④ 调查范围有一定的局限性。有时调查者的调查重点会面向一些传统的地区，如比较偏远的山区，而在这些地区没有网络技术的支持。因此，网络调查的调查范围有一定的局限性。但随着互联网的发展，在农村的广大地区，这种制约会逐步减少。

⑤ 专业化、商业化程度还很低。市场调查所要解决的不仅仅是 who、when、where、what 的问题，还要解决 why 的问题，但目前网上调查关于 why 的问题很少，深层次的探讨还没有展开。事实上我们经常在站点上看到一些问卷，多是娱乐性、趣味性的，比如您最喜欢的服装杂志是？或者是对某问题的参考性态度的研究，一些大型的专业性调查问题仍是发展较为成熟的传统调查在做，网上调查是无能为力的。

3.3.2 网络调查法的分类

1. 根据调查的方式不同分

根据调查的方式不同分为网络直接调查法和网络间接调查法。

利用互联网进行市场调查有两种方式，一种是利用互联网直接进行问卷调查等方式收集一手资料，这种方式称为网络直接调查法；另一种是利用互联网的媒体功能，从互联网上收集二手资料，这种方式称为网络间接调查法。

2. 根据采用的调查方法不同分

根据采用的调查方法不同分为网络问卷调查法、网络讨论法和网络观察法。

网络问卷调查法是将问卷在网上发布，被调查者通过互联网完成问卷调查。网络问卷调查一般有两种途径：一种是将问卷放置在网站上，等待访问者访问时填写问卷；另一种是通过电子邮件方式将问卷发送给被调查者，由被调查者完成问卷填写后将结果通过电子邮件返回。网络问卷调查法的优点是比较客观、直接。缺点是不能对某些问题进行深入调查。

网络讨论法是调查者通过网络实时交谈、网络会议等途径收集市场信息的方法。调查主持人在相应的讨论组织中发布调查的项目，被调查者参与讨论，发布各自的观点和意见，或者将分布在不同地域的被调查者通过视讯会议功能虚拟地组织起来，在主持人的引导下进行讨论。这种方法对信息收集和信息处理的模式要求很高，操作起来难度较大。

网络观察法是对网站的访问情况和网民的网上行为进行观察以收集市场信息的一种方法。这种被大量的网站所采用，是一种收集市场信息的有效方法。

3. 根据调查者组织调查样本的行为不同分

根据调查者组织调查样本的行为不同分为主动调查法和被动调查法。

主动调查法是指调查者主动组织调查样本完成市场调查的方法。被动调查法是指调查者被动地等待调查样本造访已完成市场调查的方法。被动调查法的出现是市场调查的一种新趋势。

4. 根据网络调查采用的技术不同分

根据网络调查采用的技术不同可分为站点法、电子邮件法、随机 IP 法和视讯会议法。

站点法，是将调查问卷的 HTML 文件附加在网站的 Web 上，由浏览这些站点的网上用户在此 Web 上回答调查问题的方法。站点法属于被动调查法，这是目前出现的网上调查的基本方法，也将成为近期网上调查的主要方法。

电子邮件法，是通过给调查者发送电子邮件的形式将调查问卷发给一些特定的网上用户，由用户填写后以电子邮件的形式再反馈给调查者的调查方法。电子邮件法属于主动调查法，与传统邮件法相似，优点是大大地提高了邮件传送的时效性。

随机IP法，是以产生一批随机IP地址作为抽样样本的调查方法。随机IP法属于主动调查法，其理论基础是随机抽样。利用该方法可以进行纯随机抽样，也可以依据一定的标志排队进行分层抽样和等距抽样。

视讯会议法，是基于Web的计算机辅助访问（Computer Assisted Web Interviewing），是将分散在不同地域的被调查者通过互联网视讯会议功能虚拟地组织起来，在主持人的引导下讨论调查问题的调查方法。

3.3.3 网络调查法的操作程序

1. 确定网络直接调查目标

网络调查的对象主要是网民，在确定调查目标时，要考虑被调查对象是否能上网，这些网民的规模有多大。只有网民中的有效调查对象足够多时，网络调查才能得出有效结论。我国的网民主要以年轻人、城镇人口为主，因此，选择网络调查方法，适用于以城镇年轻群体为主要消费对象的产品。网络直接市场调查的对象主要是企业产品的消费者。调查者可以通过互联网来跟踪消费者，了解他们的意见和建议。

2. 确定调查方法、设计调查问卷

网络市场调查主要采用问卷调查法，设计好一份问卷是取得成功的关键。设计问卷时应注意以下几点。

① 问卷的开头部分要能够引起被调查者兴趣和重视。开头部分应包括调查目的、调查者、奖励办法及填写说明等内容。

② 问卷不宜过长，尽量使用封闭性问题。

③ 问题简明扼要，定义明确。

④ 敏感性问题的语句表述不应让被调查者产生反感。

3. 选择调查方式

网络直接市场调查的方式选择要视具体情况而定。如果企业网站已经拥有固定的访问者，可以利用自己的网站开展网上调查；如果企业自己的网站还没有建好，可以利用别人的网站进行调查；如果企业网站已经建设好但还没有固定的访问者，

可以在自己的网站调查，与其他一些著名的ISP/ICP网站建立广告链接，以吸引被访者参与调查。企业也可以采用电子邮件问卷的方式，直接向潜在客户发送调查问卷。还可以采用网上讨论组的方式，在相应的讨论组中发布问卷信息，或者发布调查题目。

4. 数据的处理和分析

调查人员在网上获取大量的信息后，必须对这些信息进行整理和分析，这是网上调查信息能否发挥作用的关键。在对信息进行处理时，首先要排除不合格问卷，再核对回收问卷并进行综合分析，利用相关分析软件进行分类统计，对可疑的电子邮件要进行回访，以提高问卷的可靠性。

5. 撰写调查报告

在对收集到的数据进行分析处理后，调查人员要撰写调查分析报告。报告要力求用准确精练的文字、图表直接地反映出市场的动态信息，以便让企业的决策者针对市场动态和企业的实际情况及时制定和调整营销策略。

3.4 本章小结

1. 文案调查法

服装市场调查方法分为文案调查法、实地调查法和网络调查法。

文案调查法又称间接调查法、资料分析法或室内研究法，是指调查者通过收集各种历史和现实的资料，对资料进行整理、分析，得到与调查目的有关的各种信息的一种调查方法。文案调查法具有以下几个特点：是收集已经加工过的二手资料，而不是对原始资料的搜集；收集的资料包括动态和静态两个方面的信息；是以收集文献性信息为主；不受时空限制。

文案调查法优点：应用范围广，受调查时间、空间和费用的限制比较少；操作方便、简单；成本低；间接性。

文案调查法局限性：调查人员的素质对调查结果影响较大；所收集资料的质量差异较大；时限性；不可得性。

文案调查的内容：宏观环境与政策、产业与市场信息、消费者信息。服装企业所需二手资料的主要渠道来源包括企业内部资料和企业外部资料。

文案调查的原则：真实性、广泛性、相关性、时效性、经济性、针对性。

文案调查步骤：确定市场调查目的，明确调查主题；确定资料来源渠道，收集资料；评估二手资料；二手资料的筛选与分析；撰写文案调查报告。

文案调查方法的查寻方法：参考文献查找法、检索工具查找法。

2. 实地调查法

常用的实地调查法有询问法、观察法以及实验法。

询问法主要有面谈访问法、电话访问法、邮寄访问法等，每种方法各有其优点和局限性。询问法具有以下三个特征：方式灵活性、设计简明性、计划周密性。

观察法是指调查员凭借自己的感官和各种记录工具，在被调查者未察觉的情况下，直接观察和记录被调查者的行为，以收集市场信息的一种方法。观察法的特征：计划周密，目的明确；自然、客观、全面；避免观察人员主观偏见，观察法可以重复查证。可以按照观察结果的标准化程度、按照观察人员参与活动深浅不同、按照对观察现场环境控制不同、按照观察所采用的工具不同、按照所选观察时机不同进行分类。

实验法是指在市场调查中，通过实验对比来取得市场情况第一手资料的调查方法，主要有实验前后无控制对比实验、实验前后有控制对比实验、控制组与实验组连续对比实验、单因子随机实验、双因子随机实验五种类型。

3. 网络调查法

网络调查法，是指在互联网上针对特定营销环境进行调查设计、收集市场信息的一种调查方法。特点是：速度快，成本低，交互性强，调查结果客观可靠，无时空、地域限制，可检验性和可控制性。可按调查的方式不同、采用的调查方法不同、根据调查者组织调查样本的行为不同、根据网络调查采用的技术不同进行分类。

网络调查法的操作程序：确定网络直接调查目标，确定调查方法、设计调查问卷，选择调查方式，数据的处理和分析，撰写调查报告。

案例分析

某服装集团并购重组方案设计

来自上海的某服装公司在与客户深入沟通后，对欲兼并的地方性服装企业从外部环境到区域环境等进行了全面的分析，最终提供了完善的并购重组整合方案。

（1）环境分析。首先对全球服装行业发展状况和发展趋势进行分析，研究世界服装公司并购重组的动因、并购重组成功和失败经验；然后，对目标企业区域性行业发展状况、并购动因、并购原则、并购重组方案等进行分析，从而为该集团公司并购重组决策提供依据。

（2）目标企业分析。通过对目标企业的发展历史、发展现状进行分析，从对目标企业的产品、市场格局、合作关系、渠道、管理者和人力资源等角度对目标企业进行了全面分析和综合评估，分析目标企业存在的优势、发展中面临的主要问题和可能存在的风险，这为并购重组方案的制定提供详细的信息，保证并购重组方案的可行性。

（3）并购重组方案设计与选择。通过对客户基本情况、行业背景和发展战略进行全面分析，明确客户对目标企业进行并购重组的原则。结合该集团公司过去并购重组的经验和行业并购经验，确立企业并购重组的基本方案、股权结构、并购后发展目标。最后，根据并购方案，制定并购重组后的整合方案，包括重组方案的实施策略、新企业体制设计、组织结构整合设计、技术研发整合、经营管理整合、新企业文化建设等方面，从而保障重组后，新企业能够平稳过渡和快速发展。

案例思考：

（1）你认为该服装公司在进行环境分析的过程中，使用了什么调查方法？如何调查搜集资料？

（2）该服装公司对目标企业进行的分析是通过什么调查方式得到？你认为可以采用哪些调查方式全面地了解目标企业？

（3）该咨询公司所进行的重组方案的选择是否需要再做市场调查？如果需要，你认为什么调查方法是适合的；如果不需要，试说明理由。

第4章　服装市场抽样调查

4.1　抽样调查概述与程序

4.1.1　抽样调查的概述

1. 抽样调查的含义

市场调查根据涵盖面的大小分为全面调查和非全面调查，全面调查又称普查，是对调研对象逐一进行调查，费时、费力、费资金，企业一般很少用到；非全面调查又称抽样调查，是服装市场调查中使用频率较高的一种调查方法。

抽样调查是按照一定的原则和程序，从全部调查研究对象中抽选一部分单位进行调查，并根据所获数据对总体数量特征做出具有一定可靠性的估计和推断，从而达到对总体的认识。它的目的在于取得反映总体情况的信息资料，因而，也可起到全面调查的作用。

2. 抽样调查的相关概念

（1）总体与样本。

① 总体。也称全及总体或者母体，根据一定的目的和要求所确定的研究事物的全体，它是由客观存在的、具有某种共同性质的许多个别事物构成的整体。总体分为有限总体和无限总体，前者的总体数量是你可以确定的，后者的总体数值无法

准确确定，总体单位数一般用 N 来表示。

② 样本。即样本总体或抽样总体，研究中从总体中随机抽出的、实际观测或调查的一部分个体。样本总体是有限的，一般用 n 来表示，样本是不确定的、可变的、随机的，而总体是唯一的、确定的。

（2）样本容量与样本个数。

① 样本容量。样本总体中所包含的总体单位数目称为样本容量（一般用 n 来表示）。一般经验认为，当 $n \geqslant 30$ 或者至少 $n \geqslant 3(k+1)$ 时，才能满足模型估计的基本要求，n 为解释变量的数目。一个总体中可抽取多个样本，样本容量大，则误差小、调查费用高；反之，样本容量小，误差大，抽样将失去推断的价值。

② 样本个数。从一个总体中所能抽取样本的个数。对于有限总体，样本个数可以计算出来。样本个数的多少与抽样方法有关。

（3）总体指标与样本指标。

① 总体指标。根据总体各单位标志值计算出来的综合指标。最常用的总体指标有：总体平均值、总体成数、总体方差和总体标准差。

a. 总体平均值。总体各单位标志值的平均值。只有数值标志才能进行平均值的计算。一般有两种方法：简单平均值和加权平均值。

简单平均值：$$\overline{X}=\sum X_i/N$$

加权平均值：$$\overline{X}=\sum X_i N_i/N$$

式中 X_i——各组变量值；

N_i——各组总体的单位数；

$\sum$——总和符号；

N——总体的单位数。

b. 总体成数。指一个现象有两种表现（比如性别只有男女两种类型）时，其中具有某种标志的单位数在总体中所占的比重。其计算公式为：

$$P=N_1/N$$

$$Q=N_0/N$$

并且有如下关系：

$$N_1+N_0=N$$

$$P+Q=1$$

式中 P——成数；

N——总体的单位数；

N_1——一种表现的总体单位数；

N_0——另一种表现的总体单位数。

c. 总体方差和总体标准差。总体方差和总体标准差（均方差）是用来说明总体标志变异程度的指标。二者是平方与开平方的关系。方差包括总体平均数方差和总体成数方差。

总体平均数方差：
$$\sigma^2=\frac{\sum(X_i-\overline{X})^2}{N}$$

总体成数方差：
$$\sigma^2=P\times Q=P\times(1-P)$$

② 样本指标。样本指标是抽样总体各单位标志值的综合统计指标。常用的抽样指标有两种：抽样平均数指标和抽样成数指标。也用抽样方差与标准差（均方差）来说明总抽样样本标志的变异程度。

$$\overline{X}=\sum X_i/n$$
$$p=n_1/n$$
$$q=n_0/n$$

并且有如下关系：

$$n_1+n_0=n$$
$$p+q=1$$

式中　p——成数；

n——总体的单位数；

n_1——一种表现的总体单位数；

n_0——另一种表现的总体单位数。

（4）抽样框。抽样框又称“抽样框架”“抽样结构”，是指对可以选择作为样本的总体单位列出名册或排序编号，以确定总体的抽样范围和结构。一般来说抽样框有以下三类。

① 一次性抽样框。从一个具有不同完整程度的调研单位总体中抽取样本，可称为一次性抽样框。如某中学在某一个班级中按学号随机抽取 20 名同学，调研其日常零用钱的数额和支出结构等方面的情况，在此，该班级全体同学的名册就是一个一次性抽样框。

② 多个抽样框。抽样是多段的，要经过两个或更多的阶段才能完成，例如，对“天津市中学生品牌消费现状”的调研，第一阶段是在中心城区六个区及塘沽区、汉沽区、大港区的区内所有中学（第一个抽样框）中，先各抽选一所中学；再在每所选中的中学的所有在校生（第二个抽样框）中，随机抽取 50 名学生作为样本。在这里，总体被划分为数个抽样单位，每个单元就是一个抽样框。

③ 多重抽样框。在一次性调研中采用两个或两个以上的相互独立的抽样框。实践证明，这种抽样方式越来越重要。多重抽样框能弥补单一抽样框覆盖不完整的问题，该方法要求抽样框是现有的资料，或能轻松构建起来，可以保证样本数据对总体信息推断的可靠性，又可节约抽样调研中建框的固定成本。

抽样框一般可以采用现成的名单，如户口、企业名录、职工或学生名册等。在没有现成名单的情况下，可由调研人员自己编制。但在利用现有名单作为抽样框时，要对现有名单进行核查，避免遗漏、重复等，以提高样本对总体的代表性。

（5）重复抽样与不重复抽样。重复抽样（放回式抽样或重置抽样），每次从总体中抽取的样本单位，经检验之后又重新放回总体，参加下次抽样，直到抽满 n 个为止，这种抽样的特点是总体中每个样本单位被抽中的概率是相等的。该抽样有可能出现极大值或极小值构成的极端样本。

不重复抽样（不放回式抽样或不重置抽样），是指每次从总体中抽取的样本单位，经检验之后不再放回总体，在下次抽样时不会再次抽到前面已抽中过的样品单位。不重复抽样的误差小于重复抽样误差。

3. 抽样调查的原理

（1）必然性与偶然性的辩证关系。必然性是指事物联系和发展中一定要发生的、不可避免的趋势。偶然性是指事物联系和发展中不确定的趋向。

必然性和偶然性是对立统一的关系。

① 二者是对立的，它们是事物发展的两种不同趋向，产生的原因以及在事物发展中的地位和作用不同。

② 二者是统一的，其表现是：第一，必然性总是通过大量的偶然性表现出来，由此为自己开辟道路，没有脱离偶然性的纯粹必然性；第二，偶然性是必然性的表现形式和必要补充，偶然性背后隐藏着必然性并受其制约，没有脱离必然性的纯粹偶然性；第三，必然性和偶然性可以在一定条件下互相转化。

必然性和偶然性辩证关系的原理，对指导科学研究和社会实践有重大意义。抽样调查得到的结果是一种偶然性，是总体现象必然性的表现。因而，依据必然性与偶然性的辩证关系原理，可以通过抽样调查对总体现象进行估计和预测。

（2）大数定理。大数定理的数学公式为：

$$\lim_{n\to\infty} p\left\{\left|\frac{1}{n}\sum_{i=1}^{n}X_i-\mu\right|<\varepsilon\right\}=1$$

式中　n——样本容量；

X_i——样本值；

μ——总体均值；

ε——给定的充分小的值。

大数定理表明：当样本容量 n 充分大时，可以用样本平均估计总体平均。

大数定理的意义在于：个别现象受偶然因素影响；但是，对总体的大量观察后进行平均，就能使偶然因素的影响相互抵消，从而使总体平均数稳定下来，反映出事物变化的一般规律。因而，在进行抽样调查时，如果抽样样本足够大，就可以用样本统计量来估计总体指标值。

（3）中心极限定理

定理1：正态分布的再生定理，即相互独立的两个正态随机变量相加之和仍服从正态分布，因此从服从正态分布的总体中抽出一个容量是 n 的样本，则样本平均数（$\overline{X}$）也服从正态分布。

定理2：随机变量 X_1，X_2，…，X_n 相互独立，且服从同一分布，该分布存在有限的期望（μ）和方差（σ）。当 n 趋于无穷大时，其算术平均数（$\overline{X}$）近似服从正态分布，且 $\overline{X}\sim N(\mu, \frac{\sigma^2}{n})$。

中心极限定理表明：无论总体服从何种分布，只要它的期望值与方差存在，就可以通过增大样本容量 n 的方式，保证样本平均数近似服从正态分布。也就是说，大样本的平均数服从正态分布。因此，可以用本统计量估计总体参数。

4. 抽样的特点及方案设计

（1）抽样调查的优缺点

① 抽样调查的优点

a. 适合大总体。如果被调查的总体很小，最好用普查代替抽样调查，因为对于一个较小的总体，获得较小抽样误差的估计量所需的样本量可能会占总体相当大的比例。相反，对一个大总体进行普查会很昂贵。而且，大多数市场调研项目通常面对的都是一些大而复杂的总体，抽样调查显然是更可取的方式。

b. 经济。由于普查需要对总体的所有个体进行调查，因而它所需的费用远大于抽样调查。对于大型总体来说，可以从相对较小的样本中获得所需的精确结果。例如，2015 年中国人口抽样调查只调查全国人口的 1%，如果每个个体的费用是固定的，那么做一次人口普查所需的费用可能是人口抽样调查费用的 100 倍。

c. 高效。由于实地调查对象数目减少，抽样调查可以在较短的时间内完成。这对于变化很快的市场行情来讲，是十分有效的。表现在以下两方面。

第一，准确度较高。抽样调查有能力了解较为深入和复杂的信息，根据调查样本数量和总体中各单位之间的差异程度进行计算，并控制在允许范围之内，调查结果的准确度较高。

第二，满足特殊要求。在有些场合，调查所需的信息不能简单地直接从被调查者的回答中得到。举例说，一项健康调查需要关于血压、血型及被调查者健康状况的其他数据，只有经过专业卫生人员的测量才能精确地得到结果。如果只有那些受过专门训练的人员或者使用昂贵的计量仪器才能收集到所需数据，大规模的普查是不可能的。在一些特殊领域里（如生产过程中的质量控制），某些检测是破坏性的，此时抽样调查是唯一可能的选择。

② 抽样调查的缺点

a. 不支持小区域估计。调查目标可能需要小的地理区域的估计结果。例如，中国城市劳动力调查不仅需要可靠的全国汇总结果，而且需要每个城市和乡镇的汇总结果。抽样调查能够以很小的抽样误差得到全国汇总数；但是由于样本量太小，通常不能得到有关城市和乡镇等小区的可靠估计。由于普查是调查所有个体，所以它可能提供任何层次的估计，且没有抽样误差。

b. 不支持稀少个体特征估计。如果要测量总体中具有某一特征的个体时，必须大致了解个体在总体中所占的比例。如果总体中具有这个特征的个体很少，则抽样调查方式是不能被接受的，而必须进行普查。

c. 调查误差。抽样误差是所有抽样调查所固有的。抽样误差是由于只用总体的一部分而不是全部来估计总体特征所产生的误差。对于普查，由于计算是基于整个总体的，所以不存在抽样误差，抽样误差能够被度量和控制，不能被消除。

非抽样误差对于普查和抽样调查则是普遍存在的，没有多大差别。尽管所有调查都会存在非抽样误差，但普查由于受其自身规模的影响，调查设计面更大更广，持续时间更长，调查访员队伍更大，访问管理工作更为复杂，因而非抽样误差也可能更大。当非抽样误差成为调查质量控制的主要对象时，抽样调查比普查更有优势。

d. 其他考虑。与抽样调查相比，普查数据具有更高的权威性，可以为以后的抽样调查提供抽样框架；还可以提供一些标准信息，如总体中男性与女性的数目与比例，帮助改进抽样调查所获得估计量。

（2）抽样方案设计

① 抽样方案设计的主要步骤。抽样方案设计的主要步骤如图 4-1 所示。

② 抽样方案设计的内容

a. 明确调查目的，确定所要估计的目标量。例如，电视节目的收视率以户为

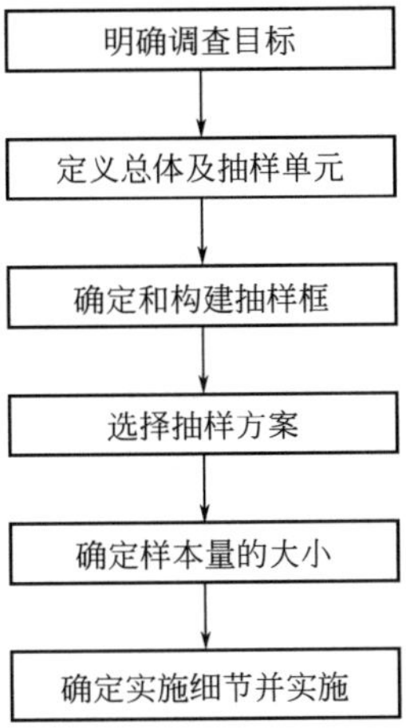

图 4-1　抽样方案设计的主要步骤

单位进行调查，一般的态度调查以个人为单位进行调查。

b. 定义总体及抽样单元。例如，电视节目收视率调查，总体一般指在电视覆盖地区的拥有电视的家庭中 4 岁以上的居民，最小抽样单位一般为“户”。而广播电视的广告、传播效果调查一般以 12 岁以上的公民为受众总体，最小抽样单位为“个人”。消费者调查、社会问题调查的总体一般指 18 岁或 18 岁以上的公民。

c. 确定和构建抽样框。确定和构建抽样框是抽样调查的一项基础而重要的工作。抽样框需能够最大限度地恰当包含所有目标总体单位。而且抽样框内所包含的辅助信息以及这些信息的质量将决定调查中抽样设计的类型和估计的程序。包含辅助信息的复杂抽样框可以用于比较复杂的抽样设计。

d. 选择抽样方案。不同的抽样方法，优缺点各不相同，需慎重选择。各种抽样方法将在下文介绍。

e. 根据抽样方案的类型，对主要目标量的精确度要求和置信度等，确定样本量的大小，并给出总体目标量的估计式（点估计或区间估计）和抽样误差的估算式。

f. 制定实施方案的具体办法和步骤。

③ 抽样方案设计的原则

a. 实施抽样的随机性原则。即按照概率规律，从总体中抽选样本。在抽样设计中，首先要保证随机原则的实现。随机取样是抽样推断的前提，失去这个前提，推断的理论和方法也就失去存在的意义。从理论上说，随机原则就是要保证总体每一单位都有同等的中选机会，或样本抽选的概率是已知的。但在实践上，如何保证这个原则的实现，需要考虑许多问题：一是要有合适的抽样框。抽样框固然要具备可实施的条件，可以从中抽取样本单位。仅仅这样是很不够的，一个合适的抽样框必须考虑它是不是能覆盖总体的所有单位，还要考虑抽样单位与总体单位的对应问题。在实践中发生不一致的问题也不是少见的。有的是多个抽样单位对应一个总体单位，例如调查学生家庭情况，以学生名单为抽样框，在学生名单中可能有两个或更多的学生属于同一家庭。也有的是一个抽样单位对应几个总体单位，例如人口调查中以住户列表为抽样框，每一住户就包括许多人口。像这类抽样很可能造成总体单位中选中机会不均等，应该注意加以调整。二是取样的实施问题。当总体中单位数很大甚至无限的情况下，保证总体中每单位中选的机会均等绝不是简单的工作。在设计中要考虑将总体各单位加以分类、排队或分阶段等，尽量保证随机原则的实现。总之，不允许调查者根据主观意图来挑选或确定调查单位。

b. 慎重考虑样本容量和结构的原则。样本的容量究竟要多大才算是合适的？例如在粮食产量调查中，要调查多少亩才能反映全省几千万亩播种面积的亩产水平？在民意测验中，要调查多少人才能反映全国几亿人口的意见等。调查单位多了会增加组织抽样的负担，甚至造成不必要的浪费；但调查单位太少又不能有效地反映情况，直接影响推断的效果。样本的容量取决于对抽样推断准确性、可靠性的要求，而后者又因所研究问题的性质和抽样资料的用途不同，很难给出一个绝对的标准。但在抽样设计时应该重视研究现象的差异、误差的要求和样本容量之间的关系，做出适当的选择。对相同的样本容量，还有容量的结构问题。例如，一个县要求抽查 500 亩，它可以抽 5 个村，每村抽 100 亩；也可以抽 10 个村，每村抽 50 亩。样本容量的结构不同，所产生的效果也不同。抽样设计应该善于评价而且有效利用由于调整样本结构而产生的效果。

c. 节省成本，实现抽样效果最佳原则。即在固定的费用下，选取抽样误差最小的方案；或在要求的精度条件下，做到调查费用最小。在抽样设计中还必须重视调查费用这个基本因素。实际上任何一项抽样调查都是在一定费用的限制条件下进行的，抽样设计应该力求调查费用节省的方案。调查费用可分为可变费用和不变费用。可变费用随着调查单位的多少、远近、难易而变化，如搜集数据费、数据处理和制表费等。不变费用是指不随工作量大小而变化的固定费用，如工作机关管理费、出版费等。节约调查费用往往集中于可变费用的开支上。在设计方案中我们还要注意，提高精确度的要求和节省费用的要求并非一致，有时是相互矛盾的。抽样误差要求愈小，则调查费用往往需要愈大，因此并非抽样误差愈小的方案便是愈好的方案，许多情况是允许一定范围的误差的。我们的任务就在于在一定误差的要求下选择费用最少的方案，或在一定的费用开支条件下选择误差最小的方案。

5. 抽样调查的意义和作用

（1）抽样调查的意义。通过对部分单位的调查，达到对总体单位数量特征的认识。

（2）抽样调查的作用

① 在不可能全面调查时，可采用抽样调查，如对无限总体的调查。

② 不需要进行全面调查时可采用抽样调查，如产品质量的破坏性检验。

③ 由于时间、经费限制或误差要求不高时可采用抽样调查，如一般的科研项目调查。

④ 满足紧急需要，同时又可以不做全面调查的调查可采用抽样调查，如学生食堂的每餐例行检查。

⑤ 在全面检查后，对某些数据进行修正时采用抽样调查。

4.1.2 抽样调查的程序

抽样调查的程序可以总结为 7 个步骤，如图 4-2 所示。

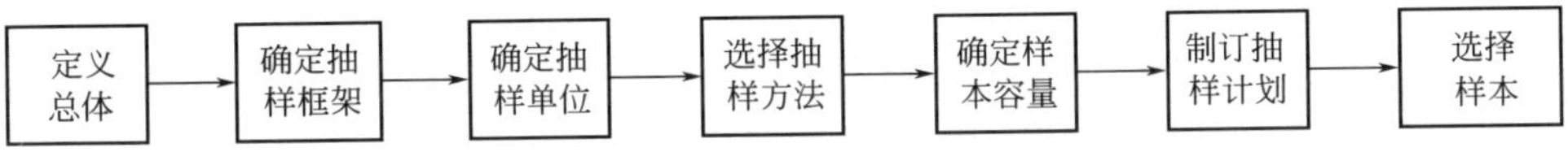

图 4-2 抽样调查的程序

1. 定义总体

定义总体就是要确定调查对象的全体。有时，调查总体的确定，并不像想得那么容易。比如，要通过市场调查的方式了解购物中心顾客的惠顾及购买行为，该如何确定调查总体呢？

实际上，要准确地界定一个总体，必须包括四个要素，即抽样元素、抽样单位、抽样范围和抽样时间。比如，在一个企业关于其产品社会集团购买量的调查中，调查总体可以定义为："在过去三年中，在中国境内，所有购买过我们产品的机关、部队、学校、企业和事业单位"。再比如，在企业关于某种商品价格的调查中，调查总体可以定义为："从 2019 年 1 月 15 到 30 日之间，西安市各大商店中每一种竞争品牌的价格"。在这两个总体的定义中，就包含这四个要素。

在社会集团购买量的调查中，

抽样元素：所有购买过我们产品的机关、部队、学校、企业和事业单位；

抽样单位：同上；

抽样范围：全国；

抽样时间：过去三年中。

在商品价格的调查中，

抽样元素：每一种竞争品牌的价格；

抽样单位：大商店；

抽样范围：西安市；

抽样时间：2019 年 1 月 15 日到 30 日之间。

缺少这四个要素中的任何一个，抽样总体的界定就不清楚。

正确地界定总体是抽样程序的第一步，也是重要的一步，它关系到所得信息是否可靠和信息量大小的问题。比如，在上述集团购买量调查的例子中，如果把总体定义为："在过去三年中，所有购买过我们产品的企业和事业单位"，由于总体中丢掉了集团购买中很重要的一些组成部分（机关、部队和学校），所以从中抽取样本的代表性就有问题，调查结果的价值也因此而打折。

想一想要采用抽样调查的方法了解一种儿童食品在市场上的形象，该如何定义调查总体呢？注意，儿童虽然是食品的食用者，但是他们往往并非购买者，购买与否可能不反映他们的好恶。如果把实际的购买者作为抽样元素，那么谁是购买者？要正确定义这类总体的关键，是要搞清楚每一个家庭成员在购买和消费这类商品时所扮演的角色以及构成这个市场的主要家庭类型。

2. 确定抽样框架

抽样框架（sampling frame）是指总体中抽样单位或元素的表现形式或呈现方式。理想的抽样框架应该满足这样一个条件：抽样总体中的每一个元素都在抽样框架中出现一次，且仅出现一次。在实际的调查工作中，研究者往往无法找到这种理想的抽样框架，而不得不使用替代品，比如户籍簿、员工名册单、在校学生的花名册、电话簿和地图等。

调查样本需要从抽样框架中抽出。比如，可以使用一个城市的地图作为抽样框架。根据某种原则，随机或非随机地抽出几个小区，从中抽出几条街道作为样本进行调查。再如，电话号码簿也是进行市场调查经常使用的抽样框架。不过，在使用电话号码簿进行抽样时，如果调查总体中有很多的元素（如家庭或组织）没有安装电话就可能存在抽样框架误差。

对于任何不完整的抽样框架来说，抽样调查的结果中都或多或少地含有抽样框架误差。抽样框架误差的大小一般取决于包含在抽样框架中的总体元素与未包含在抽样框架中的元素之间的差别，差别大者，误差大，差别小者，误差小。所以，我们在确定抽样框架时，一要考虑其适用性，二要考虑其完整性，三要考虑未包含在总体中的元素对调查结果准确性的影响程度。

3. 确定抽样单位

抽样单位是容纳总体的基本单位，它可以等同于，也可以不等同于样本元素。我们前面说过的集团购买量调查的例子中，二者等同；而价格调查的例子中，二者不同。与总体元素的确定相比，抽样单位的确定具有某种主观性或任意性，可以由研究人员根据具体情况来选定。比如，欲从 13 岁以上的女性中抽取一个样本，研究者可以根据身份证显示的有关资料以公安局提供的名单为抽样框架直接抽取，也可以根据户口簿先抽取一些家庭，然后再对每一个家庭中 13 岁以上的女性进行调查。在这两种情况下，样本元素虽然没有变，都是 13 岁以上的女性，但是抽样单位变了。抽样单位的确定，主要取决于以下两个方面。

第一，抽样框架。如果我们能够找到一个比较完整的元素目录作为抽样框架，那么把样本元素作为抽样单位比较好。否则，就需要另找其他的抽样单位。

第二，调查方法。我们进行的是电话调查，那么电话号码就是一个很好的抽样单位。如果我们进行的是邮寄调查，则使用地址或姓名作为抽样单位比较好。人员访问调查比较灵活，抽样单位可以根据操作的方便性来确定。

4. 确定抽样方法

抽样方法是指抽样单位被选定为样本的方式，选取抽样单位的方式很多，概括而言，主要有以下组合：随机与非随机抽样、单个与整群抽样、分层与不分层抽样、等概率与非等概率抽样以及一步与多步抽样。

5. 确定样本容量

样本容量，也简称为样本量，指样本中包含抽样单位或样本单位的数目。应用非随机样，样本容量的大小由研究人员根据经验和主观判断决定。应用随机抽样，样本容量的大小则要使用数理统计的方法根据决策对于信息准确性的要求计算得出。

在实际的市场调查与预测中，样本容量常常会根据研究的费用来确定。某项基金项目申请书的研究经费预算中，研究者当时计划在西安、北京、上海、广州、青岛五地各收取问卷 120 份，样本容量为 600。为什么选择 600 呢？因为根据经验，这一基金项目在当时一般不超过 18 万元，而根据研究经费在各个方面的分配和收集问卷的使用，600 是一个大致可行的样本数。

6. 制订抽样计划

抽样计划需要详细说明如何做出和执行抽样的每一项决定。除了逐个说明前面五个步骤的有关问题以外，还要对抽样的具体实施步骤加以规定和说明。比如，当进行人员访问调查时，若应答者不在家该怎么办？能否找人替代？若能，替代者应该具有什么特性？若不能，是否需要再访？若需要，什么时间？对于这一类问题，抽样计划都应该给予具体规定。制订抽样计划时，要尽量设想到可能出现的各种特殊情况，统一规定解决问题的办法，这样可以使调查人员有据可依，减少抽样误差。

7. 选择样本

抽样程序的最后一步是样本元素或单位的实际选择，由调查人员完成。这一步是抽样工作的具体实施阶段，所需要的工作量和费用最大。对于人员访问调查，更是如此。虽然抽样计划对样本选择的细节做了规定，但是调查人员并非总是按照计划执行。他们有时图方便或出于其他方面的考虑，可能会擅自改变计划，从而给调查结果带来不应有的误差，能否取得真实可靠的数据，很大程度上取决于这个阶段工作质量的高低。

4.2 随机抽样与非随机抽样

抽样调查技术分随机抽样和非随机抽样，即概率抽样和非概率抽样，其详细分类如图 4-3 所示。

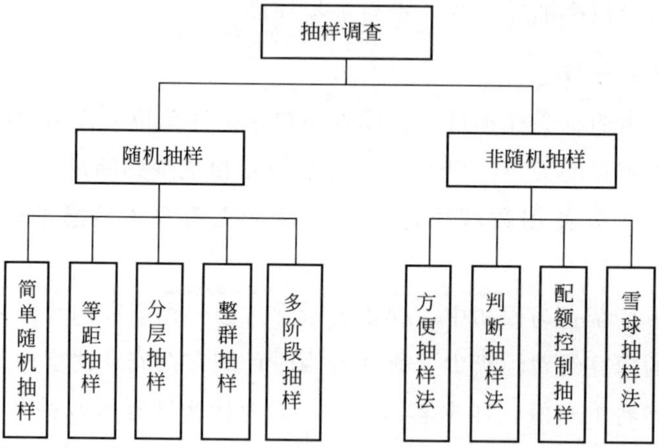

图 4-3　抽样调查技术分类

4.2.1 随机抽样

随机抽样（Ability Sampling）又称概率抽样，是指抽样调查时每个总体单位都具有同等被抽中的可能性。在概率抽样中，调查员必须严格遵守正确的选择程序，避免武断或带有偏见地选择样本单位。

根据调查对象的性质和研究目的的不同，随机抽样主要有简单随机抽样、等距抽样、分层抽样、整群抽样和多阶段抽样等。下面分别进行介绍。

1. 简单随机抽样

简单随机抽样（Simple Probability Sampling）是最完全的随机抽样。对于大小为 N 的总体，抽取样本量为 n 的样本，若全部可能的样本被抽中的概率都相等，则称这样的抽样为简单随机抽样。它保证了总体中的每一个个体都有同等的被抽取的概率。具体抽样时根据抽样单位是否放回可分为放回简单随机抽样和不放回简单随机抽样。

（1）随机抽样的具体操作。如果可以得到一个抽样框（列出所有总体单位的名单），那么调查人员可以选择简单随机抽样方式。具体步骤如下。

第一，对总体的每个单位进行编号，总体单位数为 10000 的总体可编为 00001 到 10000 号。

第二，在随机数码表（一般的数理统计书中都有此表）中从任意一个编号数开始向上、向下或跳跃选取编号，在 00001 和 10000 之间选出 200 个（样本单位数）。

第三，在有明确总体单位的数字表中选出符合上述数字的总体单位，这些总体单位就是样本。

如果调查的总体单位是消费者，而且已经掌握了消费者出生年月日的名单，抽样就会变得比较简单，只需根据样本量的需要选取任意某一天或几天出生的消费者作为样本即可。

简单随机抽样的优越性在于它看起来简单，并且满足随机抽样的一切必要条件，保证每个总体单位在抽选时有同等的被抽中的机会。虽然简单随机抽样以一个完整的总体单位表为依据，但是在现实中编制这样一个完整的总体单位表是极其困难的，在多数情况下是不能的。

（2）随机抽样的平均误差。标准差是反映平均数代表程度的一种尺度。用抽样方法来推算总体所产生的平均误差与标准误差属同一性质的，皆反映抽样指标对总体指标代表程度的一种尺度，两者关系密切。抽样平均误差是一系列抽样平均数（或成数）的标准差，通常用 S 来表示。

简单随机抽样平均误差的计算公式为：

$$\mathrm{S}_x=\sqrt{\frac{\sigma^2}{n}}=\frac{\sigma}{\sqrt{n}}$$

式中，σ 是全及总体标准差；n 是抽样单位数。

成数抽样平均误差的计算公式为：

$$S_p=\sqrt{\frac{P(1-P)}{n}}$$

式中，P 是全及总体的层数。

在不重复抽样的条件下，上述公式可变为

$$S_x=\sqrt{\frac{\sigma}{n}\left(1-\frac{n}{N}\right)}$$

$$S_p=\sqrt{\frac{P(1-P)}{n}\left(1-\frac{n}{N}\right)}$$

(3) 随机抽样的方法。简单随机抽样的方法有以下几种。

① 抽签法。抽签法是把抽样框中每个元素的号码写在签上，将签混合均匀后，每次抽一个签，签上的号码即表示样本中的一个元素。不把这个签放回，接着抽取下一个签，直到抽足几个为止。实际上也可以一次同时抽几个签。对应号码的几个元素就构成了容量为 n 的一个简单随机样本。

当总体数量较少并且有现成的可用于抽取的材料时，可选用抽签方法。例如，对 100 名学生进行调查，每名学生均有一张学籍卡片。此时，可以将学籍卡片的顺序打乱，再从中抽出若干张。一般而言，市场调查中所涉及的总体往往数量很大。例如，在全市范围内抽选出若干个街道办事处，而一个中等城市的街道办事处数量一般在 20～40 个之间，这时可以采用抽签方法。

② 随机掷骰子法。随机掷骰子法是一种用均匀材料制成的正 20 面体，面上分别刻有 0～9 的数字各 2 个。使用时，先将总体单位进行编号，然后采用掷或者摇骰子，产生若干个 0～9 之间的数，按先后顺序进行排列后得到一个任意大的随机数。

③ 计算机随机数法。若利用计算机产生随机数，譬如说执行 BASIC 语言的 RAN 语句即可产生 1～N 范围即表示入样的单元号。若代表同一单元的随机数出现两次或两次以上，则从第二次开始就弃去不用，再抽下一个，直到抽足 n 个不同的单元为止。

由于计算机产生的随机数实际上是伪随机数，即在所产生的数列中，存在某种规律性，是真正的随机数，特别是直接采用一般现成程序时，产生的随机数往往不能保证其随机性。因此应注意尽量少使用这种方法，除非使用其他方法非常不便。

④ 随机数表法。随机数表法是从随机数字表上的任一随机位置开始（例如可

以闭上眼睛，用指尖或笔尖确定一个数，这个数就是开始读数的位置），横向（或纵向）连续地摘录数字，直到抽足 n 个元素为止。

⑤ 使用统计软件直接抽取。使用这种方法的前提是拥有合适的抽样框或使用电子表格软件自动生成了类似前几种方法的 1～N 的编号作为抽样框，流行的优秀统计分析软件 SAS 和 SPSS 等都有此功能，其原理与使用随机数类似。

⑥ 其他方法。当手边没有随机数表或者随机数骰子等工具的时候，也可以采用其他的方法产生随机数，确定样本。

⑦ 放回抽样与不放回抽样的比较。用随机数方法选取样本单位时，可能会遇到这样一个问题，即一个数（个体）有可能被选中两次或两次以上，比如说，号码为 050 的居民，由于我们从起点开始，顺序向下数随机数时遇到 050 这个数而中选，但不能排除下面的可能性，即当我们继续数下去时，050 这个数可能还会再次出现。在使用抽签方式抽取简单随机样本时，则不会出现这种情况。

当出现某个个体被抽中两次或两次以上的问题时，可以有两种处理方法。一种方法是，只将每个个体的第一次中选计入样本，如果再次遇到同样的号码就跳过去，使总体中所有的个体数目是 100 个，这种方法称为不放回抽样或不重复抽样，这种方法所得到的样本叫作简单随机样本（SRS）。

另一种是将再次中选的每一次也都计入样本，如果一个个体中选两次，该个体的统计量就两次计入样本，即把一个个体当成两个个体用（即通常所谓加权），这样实际选出的样本个体数就会小于 100。比如说，如果有 5 个个体中选两次，那么实际样本规模为 95，这 5 个个体的统计量各被计入样本两次。这种方法称为放回抽样或重复抽样，也叫作独立同分布样本，这种方法得到的样本叫作非常简单随机样本（VSRS）。在抽样原理中所举的骰子的例子就相当于放回抽样。

两种方法相比较，不放回抽样误差小一些，即比放回抽样精确程度稍高。在实际进行简单随机抽样时，一般使用不放回抽样方法。

（4）随机抽样的优缺点。随机抽样的优点：方法简单直观，当总体名单完整时，可直接从中随机抽取样本，由于抽取概率相同，计算抽样误差及对总体指标加以推断比较方便。尽管简单随机抽样在理论上是最符合随机原则的，但在实际应用中则有一定的局限性，主要表现在以下几个方面。

① 采用简单随机抽样一般必须对总体各单位加以编号，而实际所需调查总体往往十分大，单位非常多，逐一编号几乎是不可能的。

② 由于抽出样本单位较为分散，所以调查时人力、物力、费用消耗较大，实施起来将十分困难。因此，这种方式适用于总体单位数不太庞大以及总体分布比较

均匀的情况。

③ 由于简单随机抽样并没有利用关于总体的一些已知信息，因此，它不可能是最有效的。简单随机抽样常常比其他抽样技术有更大的抽样误差，因而结果的精度较低。

④ 某些事物无法适用简单随机抽样，例如，对连续不断生产的大量产品进行质量检验，就不能对全部产品进行编号抽样。

⑤ 虽然从平均的意义上来说，简单随机样本对目标总体有代表性，但是给定的一个简单随机样本有可能与目标总体相差甚远。如果样本量小，这种可能性就更大了。

2. 等距抽样

等距抽样（Systematic Sampling）又称系统抽样，是指先将总体各单位按照一定的顺序排列起来，然后按照一定间隔来抽取样本单位。等距抽样法的具体操作如下。

第一步，将 N 个总体单位按一定顺序排列，编号为 1，2，…，N。

第二步，根据总体单位数 N 和样本单位数 n 计算出抽样间隔 k（必须是整数），$k=N/n$。

第三步，在 1 和 k 之间随机选一个数字，称为随机起点 r。

第四步，根据 r 和 k 从总体中抽取 n 个样本单位：总体中第 r 个单位即作为第一个样本，r 加一个 k，即为第二个样本单位，其余类推。这样，总体中选中的 n 个单位号码依次为：r，$r+k$，$r+2k$，$r+3k$，…，$r+(n-1)k$，抽样完成。

3. 分层抽样

分层抽样又称类型抽样（Stratified Sampling），它是先将总体所有单位按某些重要标志进行分类（层），然后在各类（层）中采用简单随机抽样或等距抽样方式抽取样本单位的一种抽样方式。由于通过划类分层，增大了各类型中单位间的共同性，容易抽出具有代表性的调查样本。该方法适用于总体情况复杂，各单位之间差异较大，单位较多的情况。

（1）分层抽样的具体步骤。把总体各单位分成两个或两个以上的相互独立的完全的组（如男性和女性），从两个或两个以上的组中进行简单随机抽样，样本相互独立。总体中各单位按主要标志加以分组，分组的标志与我们关心的总体特征相关。例如，我们正在进行有关啤酒品牌知名度方面的调查。啤酒方面男性的知识和女性不相同，那么性别应是划分层次的适当标志。如果不以这种方式进行分层抽样，分层抽样就得不到什么效果，花再多时间、精力和物资也是白费。

分层抽样与简单随机抽样相比，我们往往选择分层抽样，因为它有显著的潜在统计效果。即如果我们从相同的总体中抽取两个样本，一个是分层样本，另一个是简单随机抽样，那么相对而言，分层样本的误差更小些。另外，如果目标是获得一个确定的抽样误差水平，那么更小的分层样本将达到这一目标。在调查实践中，为提高分层样本的精确度实际上要付出一些代价。通常，我们实现正确的分层抽样一般有以下两个步骤。

第一步，辨明突出的（重要的）人口统计特征和分类特征，这些特征与所研究的行为相关。例如，研究某种产品的消费率时，按常理认为男性和女性有不同的平均消费比率。为了以性别作为有意义的分层标志，调查者肯定能够拿出资料证明男性与女性的消费水平明显不同。用这种方式可识别出各种不同的显著特征。一般来说，识别出六个重要的显著特征后，增加显著特征的辨别对于提高样本代表性就没有多大帮助了。

第二步，确定在每个层次上总体的比例（如性别已被确定为一个显著的特征，那么总体男性占多少比例，女性占多少比例）。利用这个比例，可计算出样本中每组（层）应调查的人数。最后，调查者必须从每层中抽取独立简单随机样本。

（2）分层抽样的方法。分层抽样方法分为四种：比例分层抽样、纽曼分层抽样、德明分层抽样和多次分层抽样。在实际中，通常采用比例分层抽样，因为这种方法比较简单。而比例分层抽样又分为等比例分层抽样和不等比例分层抽样。

在等比例分层抽样中，要求各类样本单位数的分配比例与总体单位在各类的分配比例一致，即。$n_i/n=N_i/N$（n_i 为从各层中抽出的样本数，n 为样本量，N_i 为各层的总体单位数，N 为总体单元总量）。等比例抽样简便易行，分配比较合理，在实际工作中应用较广。例如，我们要在一个有 1000 名职工的企业中抽取 100 名职工。我们以工作岗位为分层指标，主要分为管理人员、一线工人和后勤工人三类，已知的情况是管理人员占职工总数的 10%，一线工人占 60%、后勤工人占 30%，从而确定了各类人员的样本数为管理人员 10 名、一线工人 60 名、后勤工人 30 名。然后，用简单随机抽样的方法对各类人员进行抽样。

在不等比例的分层抽样中，则不受上述条件限制，即有的层可多抽些样本单位，有的层也可少抽些样本单位。从每层中抽取的样本的数与该层的相对大小相关，并与该层元素在所感兴趣的特性（指标、变量）的分布标准差相关。不等比例的分层抽样从逻辑上来说很简单。首先，较大的层在确定总体均值时具有较大影响，因此，这些层应当在推导样本均值时施加较大的影响，所以，从这些相对较大的层中应当抽取较多的元素。其次，为了增加精度，从标准差大的层中应当抽取更多的元素，从标准差小的层中应当抽取较少的元素（如果同一层中的所有元素是一致的，那么只需抽取一个元素的样本就可以得到完善的信息）。当每层内的感兴趣变量的标准差都相同时，上述两种方法实际上就是一致的。

不等比例的分层抽样需要先估计所感兴趣的特性（指标、变量）在层内分布的标准差，但是这方面的信息常常得不到。因此，调研者可能要靠直观和逻辑判断来确定每层的样本数。例如，在研究对某类商品的消费者行为时，估计高收入阶层内的个体差异可能会比低收入阶层内的个体差异大得多，因此，样本中高收入消费者所占的比例可能就比总体中高收入者占的比例大得多。

（3）分层抽样中指标的选择。用于将总体分层的变量叫分层变量或分层指标。分层指标的选择是分层抽样的中心问题，如果选择不当，可能使得分层随机抽样的误差比简单随机抽样的误差还要大。因此对于调查标志来说，分层后的层内的差异水平达到最小是分层差异标志选择的目的。

首先，选择分层变量的准则是考虑同质性、异质性、相关性和费用。同一层内的元素应当尽可能是同质的，而不同层间的元素应当尽可能是异质的。分层变量应当与所感兴趣的特性密切相关。上述这些条件或准则满足得越好，分层抽样的效果就越好。其次，分层变量应当是易于测量和应用的，这样才能减少分层抽样的费用。通常用于分层的变量包括人（性别、年龄段、种族、文化程度等）、生活方式（媒介接触行为、运动偏好、娱乐类）、消费者类型（是否使用信用卡等）、单位规模（大、中、小型）、行业类型（家电类厂家、日用品类厂家）等。分层数一般不要超过六个，如果超过了六层，精度上的任何增益随分层费用的增加和抽样难度的增加而被抵消掉了。

例如，我国国内一般大规模的民意调查都是以居住地分层的，至少分为城镇和乡村两层，因为城、乡居民的观念、行为和习惯等是很不相同的。中央人民广播电台 2012 年抽样调查是多级分层的，第一级的分层是按经济发展水平将全国 467 个地区分为“经济发达地区”“经济一般发达地区”“不发达地区”和“贫困地区”，因为根据以往的研究，人们的广播接触行为是与地区的经济发展水平和个人的经济地位相关的。

（4）分层抽样的优缺点。分层抽样比简单随机抽样和等距抽样等方法更为精确，能够通过对较少的抽样单位的调查，得到比较准确的推断结果，特别是当总体较大、内部结构复杂时，分层抽样常能取得令人满意的效果。同时，分层抽样在对总体推断的同时，还能获得对每层的推断。

需要指出的是，分层抽样也会带来某些技术问题。首先是层的划分，有时在实际工作中分层并不容易，需要收集必要的资料，从而耗费额外的费用。其次，分层抽样要求各层的大小都是已知的，当它们不能精确得知时，就需要通过别的手段进行估计，这不仅增加了抽样设计的复杂性，而且也会带进新的误差。

（5）分层抽样适用的范围。分层抽样作为一种精度最高的常用抽样技术，特别适用在以下场合。

① 在调查中不仅需要对总体的参数进行估计，也需要对各层的参数进行估计，并且考虑它们的精度。例如，在一项全国性调查中，既要求获得全国的结果，也需要有分省的结果。

② 要保证样本更具代表性。由于分层抽样中每层一定有单列，所以样本分布更均匀。

③ 为使调查的组织及数据的汇总都比较方便，分层抽样中的数据收集、汇总和处理都可按层独立进行。如果层是按一定行政系统划分时，就可按各自的行政系统组织调查与汇总。

简单随机抽样、等距抽样、分层抽样的比较见表 4-1。

表 4-1　简单随机抽样、等距抽样、分层抽样的比较

<table>
<tr><th>类别</th><th>各自的特点</th><th>共同点</th><th>抽样间的联系</th><th>适用范围</th></tr>
<tr><td>简单随机抽样</td><td>从总体中逐个抽样</td><td rowspan="3">①抽样过程中的每个个体被抽到的可能性相等
②每次抽出个体后，不再将它放回，即不放回抽样</td><td rowspan="2">在起始部分时采取简单随机抽样</td><td>总体个数较少</td></tr>
<tr><td>等距抽样</td><td>将总体均分成几个部分，按预先制定的规则在各部分抽取</td><td>总体个数较多</td></tr>
<tr><td>分层抽样</td><td>将总体进行几个分层，分层进行抽取</td><td>分层抽样时采取简单随机抽样和等距抽样</td><td>总体由差异明显的几部分组成</td></tr>
</table>

4. 整群抽样

在有些实际场合，总体是由许多群集组成，每个群集包含的个体数目不等，以个体为单位编制抽样不可行。例如，作抽样比为 10000∶1 的全国性抽样调查，实际上就不可能，即使可能，也要花费太多的精力和时间。况且，即使勉强抽出样本，调查对象遍布全国，实地调查将出现许多不可想象的困难。这时如果把总体分为若干群集，用群集抽样框进行简单随机抽取个体，各种工作量无疑将大大减少。这样的方法叫整群抽样法（Cluster Sampling），又称聚类抽样、整体抽样，也称集团抽样。

（1）整群抽样的具体操作。整群抽样是当总体的所在基本单位自然组合或被划分为若干群后，从中随机抽取部分群并对抽中群内全部基本单位进行调查的一种抽样组合形式。假如我们要进行北京市居民家用电器的拥有状况调查，采用整群抽样方法，那么，我们在北京市 3600 个居民委员会中随机抽取 20 个居委会，这 20 个居委会中的所有户都成为我们的调查样本。

划分群时，每群的单位数可以相等，也可以不等。当各个群集包含的个体数目接近时通常采用不放回简单随机抽样；当各个群集包含的个体数目相差较大时，则可采用 PPS 等不等概率抽样。在每一群中的具体抽选方式，既可以采用等概率抽样（例如简单随机抽样），也可以采用不等概率抽样。

因为以群为单位进行抽选，抽选单位比较集中，明显地影响了样本分布的均匀性。整群抽样和其他抽样方式相比，在抽样单位数目相同的条件下抽样误差较大，代表性较低。在抽样调查实践中，采用整群抽样时，一般都要比其他抽样方式抽选更多的单位，以降低抽样误差，提高抽样结果的准确程度。

当然，整群抽样的可靠程度主要取决于群与群之间的差异大小，当各群间差异越小时，整群抽样的调查结果就越准确。因此，在大规模的市场调查中，当群内各单位间的差异大，而各群之间差异较小时，才可考虑采取整群抽样方式。

（2）采用整群抽样的原因。整群抽样的实际应用比较广泛，除抽样框容易获得之外，还有以下几个方面的原因。

① 当缺少基本单位的名单而难以直接从总体中抽取所要调查的基本单位，但以由单位组成的群体（即组合单位）作为抽样单位却有现成的名单或有明显的空间界限时，抽样就显得方便实用，避免了编制基本单位名单（抽样框）的问题。

② 即使容易获得个体的抽样框，但从费用上考虑，直接从个体抽样获得的样本较分散，从而将增加诸如差旅交通之类的费用，耗时也将增加很多；相反，按整群抽样样本相对集中，既方便调查，又节省费用。因此，虽然对同样多的个体而言，整群抽样的精度稍低，但因每调查一个小单元的平均费用和耗时均低，故可以通过适当增加样本达到费用省、精度高的目标。

③ 采用整群抽样是抽样调查本身目的的需要。有些抽样调查，只有进行整群抽样才能说明问题。例如，人口普查后的抽样复查，要想估计出它的差错率，只有通过对一区域（如省、市、县、街道等）的抽样复查后的人口群体进行全面调查才行。类似的出生率、流动率等调查都需要采用整体抽样。

④ 如果某些总体的各个子总体之间的差异不大，例如，调查目标是城市居民户平均拥有彩电数等，此时对居委会采用整群抽样的精度不比直接抽取居民户的精

度低。

（3）整群抽样需注意的几个问题

① 整群抽样的随机性体现在群与群之间不重叠，总体的任何一个基本单位都必须且只能归于某一群，群的抽选按概率确定。

② 如果把每一个群看成一个单位，那么整群抽样就是以群为单位的纯随机抽样。理解这一点，对于给出整群抽样估计量的方差会有帮助。

③ 整群抽样对于群而言是非全面调查，对于被抽中群内基本单位而言则是全面调查，是“先部分，后全部”的抽样组织形式，与分层抽样正好相反。因此，整群抽样的误差取决于群间差异，而不受群内单位之间差异的影响。这就要求总体 N 个基本单位所形成的各个群，尽量有相同或相近的群内结构。也就是说，要尽量把总体方差转化为群内方差。这与分层抽样的“层内差异尽量小、层间差异尽量大”的要求形成鲜明的对比。

④ 整群抽样也是多阶段抽样的前提和基础，因此，如何提高整群抽样的精度是一个重要的问题。

5. 多阶段抽样

在许多情况下，特别是在复杂的、大规模的市场调查中，调查单位一般不是一次性直接抽取到的，而是采用两阶段或多阶段抽取的办法，即先抽大的调查单元，在大单元中抽小单元，再在小单元中抽更小的单元，这种抽样组织方式称为多阶段抽样（Multistage Sampling）。

（1）多阶段抽样的特点

① 多阶段抽样对基本调查单位的抽选不是一步到位的，至少要两步。

② 组织调查比较方便，尤其对于那些基本单位数多且分散的总体，由于编制抽样框较难以直接抽取所需样本，就可以利用地理区域或行政系统进行多阶段抽样。

③ 多阶段抽样是多种抽样方法的结合物。

（2）二级抽样和分层抽样、整群抽样的比较。二级抽样和分层抽样、整群抽样有相似之处，都必须先将总体分组，然后再抽取一级单元。分层抽样在第一级中实际上抽取了全部的层（一级单元），然后再从各层抽取部分的二级单元；而整群抽样是从全部群中抽取了部分的群（一级单元），然后对抽中的群的单元全部进行调查，相当于抽取了全部的二级单元。二级抽样在第一级中和第二级中都随机地抽取部分一级单元和部分二级单元，因此，在组织形式上可以把二级抽样看成是抽样和整群抽样的综合。见表 4-2。

表 4-2　二级抽样和分层抽样、整群抽样的比较

名称	一级单元	二级单元	精度(样本含量相同时)	提高精度的办法
分层抽样	抽取全部	抽取部分	高于简单随机抽样	扩大层间差异,缩小层内差异
整群抽样	抽取部分	抽取全部	低于简单随机抽样	缩小群间差异,增大群内差异,增加群数
二级抽样	抽取部分	抽取部分	介于整群抽样和随机抽样之间	减少一级单元之间的差异,尽量多抽取一级单元

4.2.2　非随机抽样

非概率抽样（Non-probability Sampling）也称非随机抽样，它不是根据被调查总体中的每一个单位被抽到的可能性相等的原理抽取样本，而是调查人根据自己的主观选择抽取样本，即调查总体中每一个单位被抽取到的可能性是不相等的。非概率抽样包括方便抽样（Convenience Sampling）、判断抽样（Judgment Sampling）、配额控制抽样（Quota Sampling）和雪球抽样（Snowball Sampling）等具体方法。

1. 方便抽样法

方便抽样法也称任意抽样法，是根据调查者的方便性，以无目标、随意的方式进行抽样调查活动。例如，某公司的市场营销部选择公司雇员对公司开发的新产品进行初步测试。固然，这个方法看上去有很大的偏差，但该公司不要求雇员对新产品进行仔细评估，也不要求雇员拿新产品与竞争对手的产品进行比较，他们只要求雇员提供一个总的感觉（如产品的外形、功能、色调等）。在类似情况下，方便抽样是获取必要信息的一种有效而实用的方法。在进行试探性调研时，即缺乏经验而又急需数据的近似值时，这种方法很实用。与随机抽样相比，方便抽样的应用比率增长得很快，其原因是存在着很多低发生率、低总体单位特征方差和难以获得分类资料的情形。

2. 判断抽样法

判断抽样法又称目的抽样法，是指研究人员从总体中选择那些被判断为最能代表总体的单位作样本的抽样方法。当研究者对自己的研究领域十分熟悉，对研究总体比较了解时采用这种抽样方法，可获得代表性较高的样本。这种抽样方法多应用于总体小而内部差异大的情况，以及在总体边界无法确定或因研究者的时间与人力、物力有限时采用。

判断抽样适用于调查人员基于既定选择标准抽取典型样本的任何情形。在购物中心进行的大部分市场或产品测试调查基本上属于判断抽样。为调查产品品味而需

要选择的购物中心，取决于调查人员的判断。特殊的购物中心会吸引不同阶层的消费者，而有些人恰好是某种被调查产品的既定的调查对象。

判断抽样法的依据有两点：①选择代表普遍情况的对象；②选择多数型或平均型的对象。能否做到这些，关键在于对总体的有关信息是否有相当的了解。样本的代表性和调查结果的正确性，取决于调查者对调查对象的了解程度及其判断能力，因此这是一项富含经验性的工作。

使用此方法进行市场调查，容易出现主观片面的缺点。此法也同任意抽样法和配额控制抽样法一样，样本资料只能说明调查总体某些特征的大致情况，不利于用以准确地推断总体。不过，这种方法简单、方便、节省，若调查要求精度不高，在样本数目不多时，不需要推断总体的调查，可考虑采用此法，且调查回收率高。

3. 配额控制抽样

配额控制抽样法是根据一定的标志对总体单位进行分层或分类后，从各层或各类中根据总体的实际情况主观地选取一定比例的调查单位的方法。所谓“配额”，是指对划分出的各种类型的总体单位都分配一定的数量样本，从而组成调查样本。因而，配额抽样较之判断抽样加强了对样本结构与总体结构在“量”的方面的控制，能够保证样本有较强的代表性。

配额方式通常有两种：一是独立控制，即只对其中的一个特征样本数目加以控制，即一个控制变量（如年龄或性别或收入）；二是交互控制，即同时考虑几个因素（如年龄、性别和收入）。

配额抽样类似于随机抽样中的分层抽样。不过，二者有两点重要的区别：首先，配额抽样的被访者不是按随机原则抽出来的，而分层抽样必须遵守随机原则；其次，在分层抽样中，用于分类的标志应联系研究目标来选择，而配额抽样没有这些要求。

假定调查对象（母体）分为三个层次，各层次的规定样本数见表4-3。

表4-3 调查各层面控制表

工资月收入		职业		地区	
800元以下	3	工人	6	沿海	8
800～1499元	4	农民	10	内地	12
1500～2999元	5	教师	4		
3000～4999元	6				
5000元以上	2				
合计收入类	20	合计职业类	20	合计地区类	20

可以根据独立层面控制表编制一个交叉控制表。通过交叉控制表，才能确定对各个层面的样本数如何进行交叉配额，使抽出的样本数与所有层面的数字相一致。有了这份交叉控制表，调查人员便能据以决定应该如何选取所需要的样本。如表 4-4所示。

表 4-4　交叉控制表

		工人		农民		教师		共计
		沿海	内地	沿海	内地	沿海	内地	
工资收入/元	800 元以下	—	1	1	1			3
	800～1499 元	1	—	—	1	1	1	4
	1500～2999 元	—	1	—	3	1	—	5
	3000～4999 元	1	1	1	2	1	—	6
	5000 元以上	1	—	—	1	—	—	2
	小计	3	3	2	8	3	1	20
	合计	6		10		4		20

4. 雪球抽样法

以若干个具有所需特征的人为最初的调查对象，然后依靠他们提供认识的合格的调查对象，再由这些人提供第三批调查对象……依次类推，样本如同滚雪球般由小变大的抽样方式叫雪球抽样法。

这种方法适用于调查范围内总体单位发生率低或少见的抽样调查。低发生率或少见的总体中所占比例很小的一部分个体，要找到这些少见总体中的个体，代价是很大的，使得调查人员因为费用的原因不得不采用雪球抽样形式。

采用滚雪球抽样调查的优点是调查费用将大大减少。然而，这种成本的节约是以调查质量的降低为代价。整个样本很可能产生偏差，因为样本的名单来源于那些最初调查过的人，而他们之间可能十分相似。结果，样本可能不能很好地代表总体。另外，如果被调查者不愿意提供其他相关人员信息，就不能采取这种方法。

5. 非概率抽样的优缺点

（1）非概率抽样的优点

① 非概率抽样比概率抽样的费用低。非概率抽样的这一特点对那些精确性要求不高，只注重方向性的调查有相当大的吸引力，如试探性调查。

② 一般来讲，非概率抽样实施起来要比概率抽样用的时间少。

③ 如果合理运用非概率抽样，也能产生极具代表性的抽样结果。

（2）非概率抽样的缺点

① 不能估计出抽样误差。

② 调查者不知道抽样指标代表总体指标的程度。

③ 非概率抽样的结果不能用来推断总体指标。

4.3　样本容量的确定

在开始组织抽样调查之前，确定抽多少样本单位是个很重要的问题，样本数目过少，会使调查结果出现较大的误差，与预期目标相差甚远；而样本数目过多，又会造成人和时间的浪费。因此，样本量的确定是组织抽样调查中需要解决的一个重要问题。

4.3.1　影响样本容量的因素

抽样调查的样本量取决于以下几个因素。

（1）被调查对象标志的差异程度，即总体方差的大小。总体方差越大，所需的样本量一般也很大。

（2）允许误差（又称极限误差）数值的大小。允许误差与样本量的平方根大致成反比。允许误差越小，样本量越大；反之，允许误差越大，样本量越小。允许误差的大小主要取决于调查的目的和费用的投入。调查结果要求比较精确，又有足够的费用投入，允许误差可小些；反之，允许误差可以放大些。

（3）调查结果的可靠程度，即置信度或置信水平的大小。所要求的置信度越高，所要求的样本量应当越大；所要求的置信度较低，样本量可以小些。

（4）抽样的方法。在同等条件下，不重复抽样比重复抽样需要的样本单位数少一些。

（5）抽样的组织形式。采用类型抽样和等距抽样比简单随机抽样需要的样本单位数目少些。此外，根据调查经验，调查表的回收率或访问的成功率高低也是影响样本的重要因素。在回收率低的情况下，应适当加大样本数目。

4.3.2　样本量的确定

比较客户关于绝对误差 $|\hat{\theta}-\theta|$ 不允许超过允许误差 d，而且概率保证程度不低于 $1-\alpha$ 的要求：$P\{|\hat{\theta}-\theta|\leqslant d\}=1-\alpha$ 和正态分布性质 $P\{|\hat{\theta}-\theta|/[V(\hat{\theta})]^{\frac{1}{2}}\leqslant\mu_{\alpha}\}=1-\alpha$，可以看出，要同时满足这两个要求，就必须保证

$$d=\mu_\alpha \times [V(\hat{\theta})]^{\frac{1}{2}} \text{或} V(\hat{\theta})=\frac{d^2}{\mu_{\alpha^2}}$$

而 $V(\hat{\theta})=\frac{1-\frac{1}{N}}{n}S^2$

式中，用 $\frac{d^2}{\mu_{\alpha^2}}$ 代替 $V(\hat{\theta})$，容易发现，样本容量 n 与 d 和反映总体分散程度的 S^2 有关。这样，由于 d 和 μ_α 都是事先规定或约定的，属于已知条件，所以如果能够根据以往研究结果或其他知识粗略估计 S^2，就可据此估算出样本容量来。事实上，人们基本就是采用这个方法在抽样之前就确定了样本容量 n 的，其公式如下。

放回简单随机抽样：$n=\left(1-\frac{1}{N}\right)\frac{\mu_{\alpha^2}S^2}{d^2}$

不放回简单随机抽样：

$$n=\frac{1}{\frac{1}{N}+\frac{\mu_{\alpha^2}S^2}{d^2}}$$

当 N 很大时，上述两种场合的样本容量都可近似取为 $n=\frac{\mu_{\alpha^2}S^2}{d^2}$。

S^2 的估计方法有四种：参照时间不久的经验或研究结果；参照本次调查预试验或调查的结果；参照本次调查先期的结果，有时调查一半即可知道原定样本容量是否合适，可考虑修正方案，调整样本容量的大小；根据某种先验理论，例如在以估计比例为目的的抽样调查里，方差往往取最大值 0.25。不过，需要注意的是在经费允许时，n 的取值应坚持保守主义原则，尽量大一点，以便留有余地。

4.4 本章小结

（1）普查是对调查对象的全部单位（即总体）所进行的逐一的、无遗漏的调查。

（2）抽样调查只对调查总体中的部分元素或单位（即样本）进行调查。在企业的市场调研与预测中，抽样调查比普查更经常被采用。

（3）普查和抽样调查在获得数据的准确性上，并无绝对的优劣之分。普查虽然不存在抽样误差，但却存在非抽样误差。当普查工作组织得比较乱时，由于会出现较大的非抽样误差，所以普查获得的数据不一定比抽样调查获得的数据准确。

（4）常用到的抽样调查概念有：总体与样本、样本容量与样本个数、总体指标与样本指标、抽样框、重复抽样与不重复抽样。

（5）抽样程序可以分为定义总体、确定抽样框架、确定抽样单位、确定抽样方法、确定抽样容量、制订抽样计划和选择样本七个步骤。

（6）抽样调查技术分随机抽样和非随机抽样，即概率抽样和非概率抽样。

（7）随机抽样主要有简单随机抽样、等距抽样、分层抽样、整群抽样和多阶段抽样。随机抽样（Ability Sampling）又称概率抽样，是指抽样调查时每个总体单位都具有同等被抽中的可能性。

（8）非概率抽样（Non-probability Sampling）也称非随机抽样，它不是根据被调查总体中的每一个单位被抽到的可能性相等的原理抽取样本，而是调查人根据自己的主观选择抽取样本，即调查总体中每一个单位被抽取到的可能性是不相等的。非概率抽样包括方便抽样（Convenience Sampling）、配额控制抽样（Quota Sampling）、判断抽样（Judgment Sampling）和雪球抽样（Snowball Sampling）等具体方法。

（9）抽样调查的样本量取决于被调查对象标志的差异程度、允许误差（又称极限误差）数值的大小、调查结果的可靠程度、抽样的方法以及抽样的组织形式。

案例分析

案例一　某市私人轿车的潜在用户调查

某公司要估计某市私人轿车的潜在用户。因为私人轿车的消费同居民收入水平密切相关，所以以家庭收入为分层的基础。假定某市居民户即总体单位数为2000000户，已确定样本数为2000户，家庭收入分高、中、低三层。其中，高收入的家庭户数为200000，占总体单位数的10%；中等收入的家庭户数为600000，占总体单位数的30%；低收入的家庭户数为1200000户，占总体单位数的60%。如果采取分层比例法抽样，各层应抽出的样本数目是多少呢？

已知 $N=2000000$，$n=2000$，$N_1=200000$，$N_2=600000$，$N_3=1200000$。根据分层比例抽样公式：$n_i=\frac{N_i}{N}\times n$，有

$$n_1=10\%\times2000=200$$

$$n_2=30\%\times2000=600$$

$$n_3=600\%\times2000=1200$$

因此，本调查应从高、中、低收入家庭分别抽取200、600和1200户作为样本。

案例二 零售商与供应商之间依赖关系的实证研究

伴随着改革开放的不断深入，中国的营销渠道领域发生了深刻的变化，“三多一少（多种所有制形式、多种经营方式、多渠道、少环节）”的流通体制正在形成，渠道成员之间也演变为基于各自利益的互惠互利合作关系。不过，这也带来了渠道成员之间的矛盾与冲突。营销渠道中零售商与供应商之间的行为互动问题已经现实地摆在我们面前。

本文以零售商与供应商之间的依赖关系为研究的切入点，应用调查所得数据，采用量化方法进行分析，回答下述三个问题：第一，零售商或供应商的实力会怎样影响对方对它的依赖？第二，在多大程度上，零售商与供应商对于彼此依赖的感知是一致的？第三，对彼此依赖感知上的差异会不会导致它们行为上的差异，如更多的摩擦或冲突？

……

分析：

本文以西安市百货公司与其供应商的关系为研究对象。根据研究课题的性质，我们首先与西安市10家较大的百货公司接触，其中6家同意参与调查。然后，根据百货公司提供的名单，我们将事先设计好的问卷分发给店内的供方代表，请他们填写。发出352份问卷，收回227份。因为匿名填写问卷会使应答者更真实地表达自己的态度，也会提高问卷的回收率，所以为了整个研究项目能够获得较高质量的数据，我们在问卷中没有强迫应答者填出自己所代表的供应商，只是在末尾请他们在不介意的前提下写出自己公司的名称。64份问卷给出了企业名称，成为本文可以使用的样本。

针对这64家供方企业，我们又设计了一份简化的问卷，要求6家百货商店的有关负责人针对这64家供方企业回答问卷上的问题，我们则记录下他们的答案。由此，我们得到了64对对偶观察值。

第5章　服装市场调研资料的分析

5.1　服装市场调研资料的整理

5.1.1　服装市场调研资料整理

1. 服装市场调研资料整理的定义

服装市场调研资料的整理，就是运用科学方法，对调查所得的各种原始资料进行审核、校验和初步加工综合，使之系统化和条理化，从而以集中和简明的方式反映调查总体情况的工作过程。例如，我们要了解整个社会商品零售额的增长情况，我们不能只看个别单位商品零售额的变动，必须把所有单位的商品零售额通过分组整理，才能研究社会商品零售额的发展情况。任何资料如果不经过科学的整理，就不可能进行科学分析，就不能得出正确的结论。资料加工整理得好，会使综合资料十分丰富，能说明更多的问题及事物的内在联系。

2. 服装市场调研资料整理的意义

（1）市场调查资料整理是对原始资料的系统整理。通过市场调查取得的原始资料都是从各个被调查单位搜集来的、零散的、不系统的资料，只是表明各被调查单位的情况，不能说明被研究总体的全貌和内在联系。而且，搜集的资料难免出现虚假、差错、短错、冗余等现象。因此，只有对这些原始资料去粗取精、去伪存真、由此及彼、由表及里，才能保证资料的真实、准确和完整。在此基础上进行加工整理，才能进一步分析研究，达到深刻认识事物本质的目的。

（2）市场调查资料的整理是市场调查工作分析的前提条件。市场调查资料的科学整理，是在整个市场调查研究中不可缺少的一个重要环节。通过资料的整理，使市场调查分析更加准确、系统、方便和快捷。

3. 服装市场调研资料整理的内容与程序

调查资料整理的内容主要包括资料数据处理与资料数据管理两方面内容。数据处理是指对资料的分组、汇总和制表；数据管理是指对资料的传输、存储、更新与输出。整理的资料包括初级资料与次级资料。初级资料的整理一般是对调查搜集到的原始资料的整理；次级资料的整理是对某些已经加工的、现成的综合资料的再整理。

调查数据的整理主要依据调查资料的整理方案（在市场调查的设计阶段编制）来进行。数据整理的程序一般如下。

（1）对原始资料进行审核、订正。审核所有被调查单位的资料是否齐全、有无差错，并对差错进行审核订正。

（2）编码。将问卷信息（包括调查问题和答案）转化为统一设计的计算机可识别的代码。

（3）数据的录入。

（4）数据的清洁。

（5）数据统计预处理。

（6）制定数据分析的初步方案。

尽管数据实地收集过程可能还没结束，但只要首批问卷从实地返回，就应立即进行数据整理工作。这样做的好处是，如果当时发现问题，就可对数据的实地收集工作及时采取措施进行更正。

5.1.2 服装市场调研资料审核

1. 市场调查资料审核的意义

市场调查资料审核是指在着手整理市场调查资料之前，对需要整理的原始资料进行认真审查和核实的过程。市场调查资料审核，是保证市场调查工作质量的关键，是资料整理过程中不可忽视的重要一环。资料审核的主要任务是解决调查资料的真实性和合格性问题，目的在于为进一步整理和分析研究打下基础。为了保证资料分类（组）和汇总的正确，在资料收集工作完成之后，必须对每项资料进行严格的审查和核实。如果原始资料中有错误，就要通过审核加以排除或修正，不然就会得出错误的结论，影响调查研究的科学性。

2. 市场调查资料审核的内容

市场调查资料审核的内容主要包括及时性审核、完整性审核、正确性审核、数据资料间相关性审核和数据资料变化规律的审核。

（1）及时性审核。及时性审核是看各被调查单位是否都按规定日期填写和送出，以及填写的资料是否是最新资料。现代市场活动节奏愈来愈快，只有代表市场活动最新状态的市场信息才是使用价值最高的信息，切勿将失效、过时的信息引入决策中。此外，要剔除不必要的资料，把重要的资料筛选出来。

（2）完整性审核。完整性审核是看应该包括的被调查单位是否都包括了，调查表内的各项目是否都填写齐全。如果发现没有答案的问题，可能是被调查者不能回答或不愿回答，也可能是调查人员遗忘所致，应立即询问，填补空白问题。如果问卷中出现“不知道”的比重过大，就会影响调查资料的完整性，应适当加以处理说明。此外，应注意确保调查表中的资料清楚易懂。

（3）正确性审核（又称真实性审核）。它主要是看调查资料的口径、计算方法、计量单位等是否符合要求，剔除不可靠的资料，使资料更加准确。例如，调查人员在审核调查问卷时，可能发现某一被调查者的回答前后不一致，或者一个资料来源的数字与后来从其他资料来源收集的数字不一致等，这就需要调查人员深入调查，探询原因，或调整资料，使之真实、准确。由此可见，要做好市场调查资料的审核工作，审核者应当了解市场营销业务和市场调查业务，熟悉市场调查项目、指标含义、计算方法和资料审核方法。

（4）数据资料间相关性审核。从不同渠道取得的相同数据资料之间有联系；从不同渠道取得的不同信息，或从相同渠道取得的不同信息以及相同渠道取得的相同信息之间也有内在联系。信息数据资料的审核分析工作就是要从中找出其内在联系，使数据资料起到举一反三的作用。

（5）数据资料变化规律的审核。在不同时间取得的信息资料，会出现各种差别。长期集中资料，就会发现这种变化是有规律的，对数据资料的审核分析就是要找出其变化的规律性。市场信息的变化规律有三种类型：一是波动性变化规律。例如有些商品的销售在一定时间内出现高低波动，这种波动与自然季节或社会季节有关，并呈现周期性变化，这就是季节性波动规律。二是趋势性变化规律。例如某商品因外界因素的变化，其销售量呈现上升或下降的趋势。三是不规则变化规律。有些数据资料变化的方向、内容无规律可循，但在一段时间内一定会出现这样的情况却是有规律的。分析市场资料变化的规律，就是要找出引起变化的原因，并通过对规律的掌握来把握趋势变化的转折点。

3. 市场调查资料审核的主要方法

（1）逻辑审核。这是根据调查项目指标之间的内在联系和实际情况对资料进行逻辑判断，看是否有不合情理或前后矛盾的情况。例如，产品成本的升降总是和占成本比重很大的主要原材料、燃料、动力等消耗相联系的，若企业报送的资料中反映成本显著下降，而主要原材料、燃料、动力等消耗升高，这就存在矛盾，需要进一步查校。又如，一张调查表中年龄 13 岁，而婚姻状况却填“已婚”，其中必有一项是错误的。总之，从回答得是否合理可以看出答案的准确与否。

（2）计算审核。这是对数据资料的计算技术和有关指标之间的相互关系进行审查，一般在整理过程中进行。主要看各数字在计算方法和计算结果上有无错误。常用的计算检查方法有加总法、对比法、平衡法等。例如，对 400 人的收支状况调查汇总见表 5-1。

表 5-1　400 人的收支状况调查

目前收支情况	人数	比重/%
节余较多	30	7.50
略有节余	225	56.25
收支平衡	120	30.00
入不敷出	25	6.25
合计	400	100.00

人数的合计为 400 人，如果合计多于或少于 400 人，说明汇总时有错误，必须重新查找。又如，一张表的进销存资料不平衡，其中一定有错误。有时各项有关数字之间虽然平衡，但数字不一定都准确，这就需要经验、知识和对有关情况的了解。对于从抽样调查得来的资料，首先要注意样本的抽取是否遵守了随机原则。此外，有些资料是用不同计量单位或价格单位计算的，对此必须折合成标准单位（或相同单位）才能比较。

（3）经验审核。经验审核就是根据已有经验，判断数据是否真实、准确。例如，如果被调查者的年龄为 132 岁，根据经验判断，年龄填写肯定有误。又如，某杂货店营业面积 300 平方米，根据经验，这样的营业面积肯定与事实不符。

4. 市场调查资料审核时应注意的问题

（1）开始时间。审核工作应在资料搜集工作结束后立即开始，因为这时调查人员刚刚完成调查过程，如果发现错误，可以及时纠正，并采取必要补救措施，越早消除资料中的错误，对后期的资料分析工作越有利。

（2）稽查准确性。直接、及时地与信息源取得联系，核对得到的市场信息资料的准确性，以判断传递过程中是否有失误。

（3）实际调查中再审核。除了在整理资料时进行审核外，更重要的是在实地调查时由调查人员及时进行审核，标明资料的可靠程度，例如可信的、可以参考的、不可信的等。在利用资料时，特别是具体引用资料时，可酌情加以处理。

5. 市场调查资料审核的基本步骤

访问调查的审核工作一般包括两个阶段：实地审核和中心办公室审核。

实地审核属于初步审核，一般包括调查员审核和督导审核。调查员在调查结束后应及时审核问卷，检查其完整性、正确性、一致性以及是否清楚易懂。如果被调查者对于某项问题无回答，则应注明原因。实地督导审核应在收到问卷后立即开始，其主要目的是检查数据是否有比较明显的遗漏与错误，并且通过审核，有助于控制调查员误差，可以及时发现并纠正他们对调查程序或具体问题的误解。

我们以最常见的问卷调查的中心办公室审核为例，简单介绍接收核查和编辑检查。

（1）接收核查（又称一审）。从不同地区、不同调查员交回的问卷，都应该立即登记和编号，尤其对于大规模的调查，更应做好登记和编号工作。一般负责接收问卷的人员要事先设计好登记表格，上面列有调查员姓名和编号、调查地区和编号、调查实施的时间、交付的日期、实发问卷数、上交问卷数和问卷编号、未答或拒答问卷数、丢失问卷数、其他问卷数以及合格问卷数等。回收的问卷应分别按照不同调查员和不同地区（或单位）放置，问卷表面应写有编号或注明调查员和调查地区等。否则，大量的问卷混在一起，容易丢失，而且不易查找。

接收问卷时对所有的问卷都应检查一遍，将无效的或不能接受的问卷剔除。无效的问卷主要指以下几种情况。

① 回答不完全，即有相当多的问题没有填写答案。

② 被调查者没有理解问卷的内容而错答问题，或没有按照指导语的要求回答问题。例如，要求跳答的问题没有按要求去做，单选题却选择多个答案等。

③ 回答没有什么变化的问卷。例如在 7 级的态度量表中，不管是正向的看法还是反向的看法，被调查者的回答全是 4。

④ 缺损的问卷，即有一页或多页丢失或无法辨认的问卷。

⑤ 在截止日期之后回收的问卷。

⑥ 由不属于调查对象的人填写的问卷。例如，在一项药品市场调查中，调查对象是患有某种疾病并曾经进行过治疗的人，因此没有患有此项疾病或患有此项疾病但没有治疗过的人填答的问卷都属于无效问卷。

⑦ 前后矛盾或有明显错误的问卷。例如，年龄为 20 岁，工龄却为 30 年。

对于配额抽样的调查，各层要抽取的样本数已定，所以在接收问卷时应弄清属于哪层，并计算各层回收的问卷。如果某些层的回收问卷数与定额相差太多，则可能要进行补充调查。例如，某项关于高档消费品的抽样调查中，事先要求家庭人均月收入高于 2000 元，使用过此高档消费品的被调查者至少有 150 人，调查对象是从随机抽取的街道居委会的居民户中等距抽取的，结果回收问卷时发现该类被调查者数明显低于配额，因此，在数据处理前应及时对该类居民专门进行补充调查。

（2）编辑检查。编辑检查是对问卷进行进一步的更为精确的检查。主要检查的仍是回答的完整性、准确性、一致性以及是否清楚易懂等。例如，北京市某消费品市场调查中，某被调查者的家庭人均月收入仅 500 元，却经常在燕莎、赛特等高档商场购物。又如某题的答案圈在 2 与 3 之间，让人难以确定是 2 还是 3。对于检查出来的无法令人满意的问卷，常用的处理方法为退回实地重新调查、视为缺失数据或者放弃不用。

退回实地重新调查，即把不满意的问卷退回去，让调查人员再次调查原来的被调查者。这种处理方法主要适用于规模较小、被调查者很容易找到的商业或工业市场调查。但是，调查的时间不同、调查的方式不同（例如，原为面访调查，第二次调查可能只通过电话询问），都会影响二次调查的数据。

视为缺失数据，即在无法退回问卷时，把令人不满意的回答作为缺失值来处理。这种方法主要适用于以下情况。

① 有令人不满意的问卷数较少时。

② 这些问卷中令人不满意回答的比例很小。

③ 有令人不满意回答的变量不是关键变量。

放弃不用，即简单放弃有令人不满意的回答的问卷。这种方法主要适用于以下情况。

① 有令人不满意回答的问卷比例很小（低于 10%）。

② 样本量很大。

③ 有令人不满意回答的被调查者与令人满意的被调查者在人口特征、关键变量等分布没有显著差异。

④ 准备放弃的问卷中令人不满意回答的比例较大。

⑤ 对关键变量的回答是缺失的。

但是，如果有令人不满意回答的被调查者与令人满意的被调查者在人口特征、关键变量等方面的分布存在显著差异，或者判断一份问卷是否令人满意是主观的，简单放弃有令人不满意回答的问卷也可能产生系统偏差。因此，如果调研者决定放弃一些问卷，则应当在报告中说明放弃的问卷数量以及判别这些问卷的程序。

5.1.3　数据编码

处理资料时面临的第一个问题是如何准确地录入资料。这要求把文字资料转化成数码形式的数据。编码就是将资料信息转化为统一设计的计算机语言可以识别的代码，以便于进行资料整理和分析的过程。具体来说，编码就是对一个问题的不同回答进行分组和确定数字代码的过程；是对一个问题的不同答案给出一个计算机能够识别的数字代码的过程。在同一道题目中，每个编码仅代表一个观点，然后将其以数字形式输入计算机，将不能直接统计的文字转变成可直接计算的数字，将大量文字信息压缩成一份数据报告，使信息更为清晰直观，以便对数据进行分组和后期分析。

1. 问卷编码的内容

问卷编码工作是问卷调查中不可缺少的流程，同时也是数据整理汇总阶段重要而基本的环节，主要包括以下三个方面的内容。

（1）问卷代码编码。问卷代码编码是指对于每一份问卷设立一个唯一的代码，例如一份问卷的代码为“2160608”，开头的代码“2”表示北京大学，下面两个数字“16”代表具体班级，再后面“06”代表调查人员的编号，最后两位“08”表示为调查员在这个班级收到的第 8 份问卷。问卷代码编码的目的是在问卷分析中发现异常数据可以核对原始问卷查看数据异常产生的原因，以便对数据进行正确处理。

（2）封闭式问题的编码。大多数问卷中的大多数问题是封闭式的，并且已预先编码。这意味着调查中一组问题中的不同数字编码已被确定。封闭式问题都是事前编码，对于单项选择题与多项选择题编码方式不一样，单项选择题编码方式比较简单，此处仅介绍单项选择题的编码方式。

常用的封闭式问题编码方法有以下几种。

① 顺序编码法。顺序编码，即用某个标准对问卷信息进行分类，并按照一定的顺序用数字或字母进行编码的方式。比如调查消费者月收入的项目把不同消费的家庭分为五个档次，然后用 1～5 分别代表从低到高的五个档次，如下：

01　小于 1000 元

02　1001～3000 元

03　3001～5000 元

04　5001～7000 元

05　大于 7000 元

② 分组编码法。分组编码法，即根据调查对象的特点和信息资料分类及其处理的要求，把具有一定位数的代码单元分为若干组，每个组的数字均代表一定的意义，所有项目都有着同样的数码个数。如对目前在校大学生进行一次关于使用信用卡意向的调查，相关的信息包括性别、类别、月消费、使用意向四项。用分组编码法进行编码如下：

性别	类别	月消费	意向
1＝男	1＝本科生	1＝小于 300 元	1＝已有卡
2＝女	2＝硕士生	2＝301～500 元	2＝准备使用
	3＝博士生	3＝501～800 元	3＝不准备使用
		4＝801～1200 元	4＝无意向
		5＝1201～2000 元	
		6＝2000 以上	

若编码为 1241 就表示为一名男性硕士研究生，每月消费在 801～1200 元之间，并且已经有卡。分组编码容易理解记忆，但是如果数位过多，势必造成数据处理和系统困难。

在 SPSS 软件中，问卷编码一般采取一个问题对应于一个变量，单个进行编码。总之，对于属性水准的答案就需根据分类来编码，对于数量水准的答案一般选的值是多少就填多少。

(3) 开放式问题的编码。与封闭式问题不同，开放式问题只能在资料收集好之后，再根据受访者的答复内容来决定类别的指定号码，适宜采用事后编码。对于开放式问题的事后编码，它所依据的不应该仅是答案的文字，更重要的是这些文字所能反映出来的被调查者的思想认识。这项工作可以遵循下述步骤进行。

① 列出答案，即所有答案都一一列出。在大型调研中，这项工作可以作为编辑过程的一部分或单独的一个部分完成。

② 将所有有意义的答案列成频数分布表。

③ 确定可以接受的分组数。此时主要是从调研目的出发，考虑分组的标准是否能紧密结合调研目的。

④ 根据确定可以接受的分组数，对在第②步频数分布表中的答案进行挑选归并。在符合调研目的的前提下，保留频数多的答案，然后把频数较少的答案尽可能归并成含义相近的几组。对那些含义相距甚远，或者虽然含义相近但合起来频数仍不够多的答案，最后一并以“其他”来概括，作为一组。

⑤ 为所确定的分组选择正式的描述词汇。

⑥ 根据分组结果制定编码规则。

⑦ 对全部回收问卷的该开放式问题答案进行编码。

2. 问卷编码时应该注意的几个问题

在进行编码时提出以下几个方面的问题。

（1）提倡使用统一编码表和对编码表进行测试。无论是开放题还是半开放题，几道问题或答案内容相同、相近、类似等情况下，将这几道题目采用统一的编码表。这样做易于控制编码，同时也给后期的数据处理、分析带来很多方便。另外，对于确定的编码表，在正式开展调查前应在小范围内对编码表进行测试，以便对编码表进行修正，并使编码人员充分理解编码表。

（2）编码的合理性。编码应充分反映调查项目之间的内在逻辑联系，如对本省地市的编码值应该接近，以反映本省地理位置接近这一客观事实，并且在处理和汇总时容易设定条件。在使用数字进行编码时要遵循：能用自然数，绝不用小数；能用正数绝不用负数；能用绝对值小的整数绝不用绝对值大的整数。

（3）编码的广泛性和概括性。它包含两方面含义：①每个答案都可以在最终的编码表上找到合适的对应，否则编码表是不完备的；②最终的编码表应全面涵盖问题设计时所要收集的各个方面的信息，有时候出现频次少但观点特别的回答可能代表一个特定的重要群体，从研究的角度来说包含这类编码也是非常重要的。在确定最终编码表的时候，可以通过经验判断编码表是否包含了各个角度的回答。

（4）编码的唯一性和排斥性。不同编码值不能表示相同的内容或有重叠交叉。每个答案只能有唯一的编码条目与之对应，不应出现同一个答案对应两个或两个以上编码条目的情况，否则编码表就不满足唯一性。例如：如果编码表中出现5—高兴、8—愉快，那么对于“快乐”这个答案就可以编成5也可以编成8。这种情况需要对编码表重新进行归纳。

（5）严格界定回答问题的角度。对于同一个问题，不同的人可能从不同的方面或角度考虑，每一个方面又会有多种有关的观点和事实。例如：对于“您现在的职业?”这个问题，有可能得到就业状态的回答，如：全职、兼职、失业、待业等；有可能得到所属行业的回答，如：农业、制造业、商业、金融业、教育、艺术等。

如果这些答案都出现在同一道问题中，会给编码工作带来麻烦。比如统计部门的统计师，既可以编为统计师的代码，也可以编为统计部门的代码，同时它也符合全职的含义，在这种情况下编码工作就不能保证唯一性的要求。此类问题是编码人员无法解决的，要避免这种情况的出现应尽量在正式问卷确定之前根据调查目的调整提问的方式。如果调查目的需要了解一个问题多个方面属性的话，可以将一个问题分为多个问题，每个问题要求从一个方面进行回答。

(6) 详略适当。在归纳确认最终编码表的时候，经常会遇到将一些答案归纳在一起还是将它们分开的情况。对于这样的问题要根据研究目的和数据分析上的要求确定取舍。如果问卷的问题是询问事实的，如“您使用什么牌子的洗发水?”设计人员可能会按研究的要求保留出现频次最高的前 20 个品牌，而将其余归纳为“其他品牌”。如果问卷的问题询问的是观点、意见，如“您为什么喜欢某牌子的洗发水?”对较分散的答案则不能简单地从频次确定取舍。对于研究目的来说，即便只有很少的回答者因为“味道”而喜欢一个品牌，也可能是很重要的回答。而过于细致的分类又可能造成分析的不便。所以对这类问题，编码工作是否能做好，决定于设计人员对调查目的的理解程度如何。因此，要想对调查问卷的编码做得科学合理规范，设计人员必须对整个调查的目的有一个详细的了解。

5.2 服装市场调研资料的分析

市场调研资料整理好以后，需要对其进行进一步的分析，这样才能够形成撰写市场调研报告所需要的数据资料。

5.2.1 服装市场调研资料分析的含义及作用

1. 市场调研资料分析的含义

市场调研资料分析的本质是要把事物、现象、概念分成较为简单的组成部分，找出这些部分的本质属性和彼此之间的关系。市场调研资料的分析就是以某种有意义的形式或次序把收集的资料重新展现出来。分析实际上是告诉人们，每组资料里到底隐藏了哪些有用的信息，并以恰当的形式表现出来。这种工作一般要求市场调研人员必须具备一定的统计基础知识和技能。

市场调研资料分析是一项综合性很强、内涵丰富的工作。主要包含以下内容。

第一，要对本次调研的核心目的进行分析，确定此次调研分析的方向和最终目的，以及资料分析的重点等情况。

第二，要确定市场调研资料收集的具体方法是否适合调研的总体目标，是否具有针对性。

第三，要对收集资料的可靠性和代表性进行分析。

第四，选用适当的分析方法，对市场调研资料的数据进行分析，总结资料所反映的问题。

第五，得出综合的分析结论。

2. 市场调研资料分析的作用

市场调研资料分析的主要作用是揭示调研事物的本质，实现调研目标。市场调研的总的目的是针对某一特定的目标，获取相关的实质性信息以帮助决策者做出正确的决策。而这种能够帮助做出正确决策的信息不是调研所得的表面信息，而是通过对市场调研资料的分析，找到调研事物的内在联系、变化趋势和影响程度等深层次的信息。

例如，调研民营企业家对现代企业制度的认识。只有通过对调研资料的分析才能得出如下结论：相当一部分民营企业家对现代企业制度的认识是比较模糊的，表现在对有限责任公司和个体企业大部分只能分清形式上的区别，而对其本质的差异认识较模糊（表5-2）。并且由于社会传统文化的影响和社会对有限责任保护不力，很多企业家对于现代企业制度的有限责任并不认可，在传统意识中，很多人认为公司比企业规模大，企业一定比个体户大，都是认识上模糊的反映。这种模糊认识和社会对有限责任保护不力强烈地制约着民营企业向现代公司转型。

表5-2　对有限责任公司和个体企业差异的认识

认识	比例/%
没什么差异，只是名称的不同	9.6
主要是企业规模不同	40.7
企业组织结构不同	67.9
不清楚	3.7

5.2.2　服装市场调研资料分析的原则

1. 针对性原则

针对性原则是指要采用与调研目的、调研资料性质、现有资源相适应的分析方法，对调研资料进行分析。任何一种分析方法，都有各自的优点和不足，各有不同的使用范围和分析的角度。某一种情况可能就需要某一种或几种特定的统计分析方法，所以分析人员就需要准确地把握各种分析方法的特点和作用，将多种与调研目的相匹配的方法组合应用，形成最准确、恰当的方法系统，取长补短、相互配合，从而得出全面和准确的结论。

2. 完整性原则

完整性原则是指对调研资料进行多角度的、全面的分析，以反映和把握调研资料的总体特征。它不是对资料进行局部的分析，而是全面考察各种相关因素的现状和趋势，分析现象之间的关系。

3. 客观性原则

客观性原则是指必须以客观事实和调研的资料为依据进行分析，不能受到外来因素或内部主观倾向的影响，否则，就会使前面各阶段的努力化为乌有，更重要的是会误导企业决策者做出背离实际的决策，从而使企业陷入困境。

4. 动态性原则

动态性原则是指对调研资料的分析，不但要分析把握其现状，更要分析把握其变化，要注意分析各相关因素的变化特点，用发展的观点、动态的方法来把握问题，从而正确地引导企业的发展。在具体的操作中，要主动掌握并合理运用科学的预测方法，得出符合市场趋势的分析结论。

5.2.3 服装市场调研资料分析的方法

1. 定性分析法

(1) 定性分析的特点。定性分析是市场调研资料的基础分析方法之一，它主要具有以下几个特点。

① 定性分析注重整体发展的分析。定性分析的目的在于把握事物本质的规律性，因此必须立足于对研究对象的整体分析，获得对研究对象的完整透视。

② 定性分析的对象是描述性资料。定性分析以事物的描述性资料为研究对象。这些资料通常以书面文字或图片等形式表现，而不是精确的数据形式；这些资料是在各种自然场合，以定性研究的方法（如通过参与观察和深入访谈）得来的资料，带有很大程度的模糊性和不确定性；定性分析的资料来自小的样本以及特殊的个案，而不是随机选择的和大的样本。正由于此，决定了定性分析有自己独特的分析方法，且需要定量的资料来进行补充。

③ 定性分析的研究程序具有一定弹性。在分析程序上，定性分析也不同于定量分析。定量分析有一个标准化程序，使用数学方法获得定量的结果，用数学语言

表示事物的状态、关系和过程，在此基础上加以推导、演算和分析，以形成对问题的解释和判断，具有逻辑上的严密性和可靠性。而定性分析是一个不太严格的研究程序，前一步搜集资料的数量与质量往往决定下一步应该怎么做，其原因是调研对象作为一个不断变化的主体所具有的动态性，使定性分析过程常常出现变动，具有很大的灵活性和弹性。

④ 定性分析的方法是对搜集资料进行归纳的逻辑分析。归纳分析有着不同于演绎分析的一般程序。演绎分析是先有一个假设，然后搜集能检验假设的资料或者事实，将事实与假设加以比较分析后得出结果。而归纳分析却是先列出事实材料，将这些资料与事实加以归类，然后从中得到一些启示，抽象概括出概念和原理。这是一种自下而上的分析路径。定性分析的客观性取决于所研究对象是否有丰富的、合乎实际的材料，它不仅可以从各个不同的事物经验中找出共同性的联系，而且也可以从许多不同的观察事例中找出共同的特点，同时研究事物的特例，找出相异之处及其原因。

⑤ 定性分析中的主观因素影响及对背景的敏感性。定性分析是一种价值研究，一方面，很容易受到研究者和被研究者的主观因素影响，如研究者的能动性、独立性和创造性、若干差异的存在，以及较强的主观体验色彩，从而影响分析的客观性。另一方面，市场调研对象的表现状况又总是与特定的情境相关联，离开这一特定情境，一定的市场现象就不会发生，这就是背景的敏感性。因此定性分析很注重对背景的分析。

（2）定性分析的主要方法

① 归纳推理法。归纳推理法是把一系列分离的事实或观察到的现象放在一起研究从而得出结论。归纳推理方法是首先产生一系列个别的前提，然后把这些前提与其他前提组合在一起，得出结论。这些个别的前提可以从观察、实验、调研中获得。例如：某市在卷烟消费品牌的调研表明，在500个被调查者中，有200人购买A牌卷烟。根据这200个个别的发现，可以得出下面的结论：大约有40%的消费者购买A牌卷烟。

在归纳推理法中，任何结论都是从观察、实验或调研的事实中得出的。市场调研中通过对大量个体的调研得出一般性结论的方法，就是归纳推理方法。

② 演绎推理法。演绎推理法是从一般的前提推出个别结论的方法。其结论取决于大前提和小前提。

例如：烟草含有害物质（大前提），烤烟是烟草（小前提），烤烟含有害物质（结论）。演绎推理过程包括一系列的语句，其中最后一句是结论，它是从前提逻辑推理出来的，前提的正确性决定结论的正确性。

又如：某市40%的消费者购买A牌卷烟（大前提），预计明年该市卷烟消费量为100万大箱（事实预测，小前提），明年该市A牌卷烟销售量可能是40万大箱（结论）。在上述两个例子中，结论是从大前提和小前提逻辑推理出来的。但实际结果常常与上面的结论有一些差别，有时甚至差别很大。例如，虽然存款利率下降，但人们对未来预期不乐观，在医疗、保险、教育等方面需要很大的支出，因此，银行的存款可能不会下降，反而会上升。又如，由于A牌卷烟竞争对手实力的增强、卷烟质量的提高、产品价格的下降，结果使得在100万大箱的卷烟销量中，A牌卷烟消费量只有30万大箱。因此，尽管演绎推理法可用在资料分析中，但必须明白其使用的前提常常是较脆弱的，不能作为制定经营决策的唯一参考依据。

归纳推理方法和演绎推理方法常是相互作用、相互补充的。演绎推理法中的前提常是从归纳推理中得出的。比如通过归纳推理得出的结论“第一季度是卷烟消费旺季”可以作为推理的前提，因为这个归纳结论是通过观察数年来每年各季度卷烟销售量而得出的。

③ 对比法。对比法是将不同的事物和现象进行对比，找出其异同点，从而分清事物和现象的特征及其相互联系的方法。在市场调研中，就是把两个或两类问题的调研资料相比，确定它们之间的相同点和不同点，或是对反映同一事物的调研资料进行历史比较，以揭示其发展变化趋势和特点。在运用对比法时要注意以下几点：对比可以在同类对象间进行，也可以在不同类对象间进行；要分析可比性；对比应该是多层次的。

2. 定量分析法

定量分析方法主要有以下三种方法。

(1) 使用百分率。定量分析的资料，很多时候只有在与其他的资料进行比较时才会显出它的重要意义。常用的形式是使用百分率。百分率的用途主要有以下两点。

① 说明在整体当中所占有的份额或比例。说明在整体当中所占有的份额或比例是一种能够说明问题，但有时基本上不能说明什么，而只有这种相对数才能说明所调研事物的本质特征。比如，我们调研某大学学生手机的拥有量是1000部，我们可以说这个大学学生的手机消费是很低还是很高吗？不能，如果这个大学就1000个学生，那就是平均人手一部，即手机的拥有率是100%，应该说这个大学学生的手机消费是很高的。但如果这个大学有10000学生，即手机的拥有率是10%，那就应该说这个大学学生的手机的消费是很低的。在这里不是1000部手机这个绝对数

说明了这个大学学生的手机消费是很高或很低的，而是手机拥有率100%或10%表明的。可见，分析调研资料运用这种说明在整体当中所占有的份额或比例的百分率是很有必要的。

② 说明增加或减少的幅度。运用百分率这个相对数来说明增加或减少的幅度有时能够提供给决策者更准确的信息。比如，据调研，玉米的价格今年与去年相比涨了0.20元/斤，才两角钱，掉在地上都没有人愿意弯腰去捡，但当我们把运用百分率计算出来的增长幅度20%来说明玉米的涨价幅度，足以说明上涨0.20元/斤是非常多的了，这就说明了增加或减少幅度的百分率的魅力。

（2）使用平均数。平均数是分析市场调研资料时经常使用的工具之一。通过总结大量资料而计算出来的每一个平均数据都具有“代表性的价值”。

表5-3描述了人们对与笔记本电脑有关问题看法的平均情况。问题设计了从完全同意到全不同意7个档次，要求被调研者如果完全同意给7分，依此类推，到完全不同意为1分。第一栏数据给出了500位被调研者回答问题的总平均值。由于这4项看法的总平均值都大于理论平均值（3，5），表明大多数被调研者认为需要笔记本电脑；进口笔记本电脑的质量和服务较好，但目前价格太贵。而按是否有笔记本电脑来分，被调研者的回答有一定的差别。与没笔记本电脑的被调研者相比，有笔记本电脑的被调研者偏向于认为是必需品，认为笔记本电脑价格太贵的较没有笔记本电脑的被调研者要少很多。

表5-3　有关笔记本电脑看法的平均值分析

看法	总平均	平均值		差别
		有笔记本电脑	无笔记本电脑	
笔记本电脑是必需品	4.6	6.8	3.0	3.8
目前笔记本电脑太贵	5.3	4.1	7.0	−2.9
进口笔记本电脑质量较好	6.1	6.5	5.6	0.9
进口笔记本电脑服务较好	5.6	6.0	4.8	1.2
样本大小	500	350	150	

一般来说，个体数据只能说明在整体中有这样的个体，而平均值才能说明整体情况。如上例，对笔记本电脑是必需品既有完全同意的，也有完全不同意的，但只有总平均值4.6才能说明了被调研者整体的看法。正因为如此，一些中学对学生成绩的统计分析时才要计算并公布所有学生的总平均分和各科成绩的平均分，这样便于每个学生将自己的成绩和平均成绩进行对比，从而判断自己在所有学生中的

位置。

（3）表格法和图示法。表格法是将调研问卷中答案的统计结果以表格的形式表现出来，如表 5-4 所示。

表 5-4　不同职业人数所占百分比

职业	人数	百分比/%
工人	130	19.6
农民	50	7.5
军人	66	9.9
机关干部	94	14.1
大学生	32	4.8
公司职员	145	21.8
教师	105	15.8
其他	43	6.5
综合	665	100

图示法是将调研问卷中答案的统计结果以各种图形的形式表现出来。表格法和图示法可以更直观形象地表明每一种情况。

5.3 本章小结

（1）服装市场调研资料的整理就是运用科学方法，对调查所得的各种原始资料进行审核、校验和初步加工综合，使之系统化和条理化，从而以集中和简明的方式反映调查总体情况的工作过程。

（2）服装市场调查资料整理的内容主要包括资料数据处理与资料数据管理两方面内容。数据整理的程序是：对原始资料进行审核、订正；编码；数据的录入；数据的清洁；数据统计预处理；制定数据分析的初步方案。

（3）服装市场调查资料审核的内容主要包括及时性审核、完整性审核、正确性审核、数据资料相关性审核和数据资料变化规律的审核。

（4）服装市场调研资料审核的主要方法：逻辑审核、计算审核和经验审核。

（5）服装市场调研资料分析主要包含的内容：第一，要对本次调研的核心目的进行分析，确定此次调研分析的方向和最终目的，以及资料分析的重点等情况。第二，要确定市场调研资料收集的具体方法是否适合调研的总体目标，是否具有针对性。第三，要对收集资料的可靠性和代表性进行分析。第四，选用适当的分析方法，对市场调研资料的数据进行分析，总结资料所反映的问题。第五，得出综合的分析结论。

（6）服装市场调研资料分析的原则：针对性原则、完整性原则、动态性原则、客观性原则。

（7）定性分析的特点：定性分析注重整体发展的分析；定性分析的对象是描述性资料；定性分析的研究程序具有一定弹性；定性分析的方法是对搜集资料进行归纳的逻辑分析；定性分析中的主观因素影响及对背景的敏感性。

（8）定性分析的主要方法：归纳推理法；演绎推理法；对比法。定量分析方法主要有以下三种方法：使用百分率；使用平均数；表格法和图示法。

案例分析

案例一　老百姓大药房石家庄店调查问卷分析

针对石家庄店销量提升较慢、客单价不高、客流量徘徊不前、“振幅”较小等情况，石家庄店自发组织了一次较为全面的门店顾客调查。

时间：2018 年 10 月 25～31 日

地点：老百姓大药房石家庄店

调查方式：现场发收问卷

问卷数量：发出问卷 1015 份，收回有效问卷 1015 份

1. 您是通过何种途径知道老百姓大药房的？

① 电视（212　15.93%）　② 报纸（339　25.47%）　③ 电台（64　4.8%）　④ 户外广告（189　14.2%）　⑤ 药房的宣传资料（219　16.45%）　⑥ 别人告知（308　23.14%）

分析：通过报纸媒体得知老百姓大药房前来消费的占 25.47%，别人告知比例 23.14%，电视传播 15.93%。

说明：开业前期和开业期间的报纸广告和新闻报道、电视广告是公众认识老百姓大药房的重要途径。别人告知占 23.14%，说明老百姓大药房在消费者眼里认同程度比较高，口碑传播是仅次于报纸新闻广告的，消费者是很认同老百姓大药房的。

2. 您来老百姓大药房是否很方便？利用何种交通工具？

① 方便（578　38.98%）　② 不太方便（135　8.96%）　③ 不方便（54　3.59%）　④ 公共汽车（68　4.52%）　⑤ 出租车（23　1.2%）　⑥ 自行车（416　27.62%）　⑦ 摩托车（21　1.39%）　⑧ 私家车（20　1.33%）　⑨ 步行

（182　12.84％）

分析：来老百姓大药房很方便的占38.98％，使用自行车作为交通工具的占27.62％，步行占12.84％，“很方便”说明在商圈范围内的比例是最大的，主要交通方式是骑自行车和步行前往。

说明：地理位置不佳，交通不便利（坐公交车的仅占4.52％），3公里商圈外的消费者群体的比例较少（主要是公交车、出租车、摩托）。

3. 您家住石家庄哪个区？

① 桥西区（101　9.96％）　② 桥东区（450　44.38％）　③ 裕华区（93　9.17％）　④ 新华区（105　10.36％）　⑤ 长安区（265　26.13％）

分析：消费群体主要来自桥东区（高达44.38％）、长安区（26.13％）。

说明：消费者基本上是商圈范围内或来老百姓大药房较便利的长安区，其他区域的比例基本上一致。

4. 您来老百姓大药房消费几次了？

① 1次（131　13.95％）　② 2次（116　12.35％）　③ 3～5次（189　20.13％）　④ 6次以上（503　53.58％）

分析：6次以上所占比例53.58％，3～5次占20.13％。

说明：惠顾的消费者忠诚度较高。

5. 您认为老百姓大药房商品价格比石家庄其他大药房价格：

① 普遍低（534　55.05％）　② 部分低（345　35.24％）　③ 相差不多（70　7.15％）　④ 普遍高（6　0.61％）　⑤ 部分高（15　1.53％）

分析：价格优势十分明显，认同“普遍低”的消费者占55.05％，部分低占35.24％，这部分消费者认为价格低只是部分说明我们的一部分商品不存在价格优势，必须加强市调。

6. 您感觉老百姓大药房服务主要表现在：

① 好（726　79.69％）　② 一般（177　19.43％）　③ 差（8　0.88％）　④ 接待不热情（49　21.88％）　⑤ 介绍不详细（43　19.20％）　⑥ 对产品位置不熟悉（68　30.36％）　⑦ 不礼貌（3　1.34％）　⑧ 无问候语（21　9.38％）　⑨ 无人引导（33　14.73％）　⑩ 敷衍了事（7　3.13％）

分析：消费者对老百姓大药房的服务评价较高，但认为服务一般的也达到19.43％，说明服务意识有待加强，是不容忽视的问题。

主要表现在：①介绍不详细、接待不热情，要求营业员对专业知识和主动服务意识必须加强。②对产品位置不熟悉比例为30.36％，说明营业员对货物摆放位置不熟悉，货架排号没有起很大作用，主动服务意识不强。

7. 在老百姓大药房能否买到所需的药品？

① 能（368　37.51%）　② 基本上能（593　60.45%）　③ 不能（20　0.1%）

分析：在老百姓大药房基本能买到所需药品占60.45%，说明还有一部分药品购不到，应根据石家庄市场特点及消费者的用药特点、用药习惯进行调查分析，进一步完善产品结构。

8. 您认为我们还需补充哪些药品才能满足您的需求？

① 抗感冒类（244　28.31%）　② 心脑血管类（240　27.84%）　③ 滋补类（140　16.24%）　④ 肝胆类（80　9.28%）　⑤ 其他______（158　18.33%）

分析：消费者认为应该补充的药品种类，抗感冒类28.31%，心脑血管类27.84%，这两类所占比例较大。

说明：①产品结构有待完善；②不同层次的消费需求不同价格层次的药品。

9. 您常购买的商品类：

① 抗感冒类（607　46.62%）　② 心脑血管类（322　24.73%）　③ 滋补类（176　13.52%）　④ 肝胆类（60　4.61%）　⑤ 其他______（137　10.52%）

分析：来消费的顾客主要购药为抗感冒抗病毒类，这跟季节转换有一定的关系，这也是客单价一直徘徊不前的一个重要原因。

说明：心脑血管类占消费者购药比例为24.73%，比例较高，滋补类、肝胆类、其他类比例较少，必须加强营销手段促进这些品类销售。

10. 您觉得老百姓大药房的商品价格是否适合不同层次的消费者？种类比重如何？

① 是（516　55.9%）　② 部分合适（401　43.45%）　③ 不合适（6　0.65%）　④ 多一些知名厂家品牌药（169　43.78%）　⑤ 多一些普通厂家品牌但适合普通消费者的（217　56.22%）

分析：商品价格“部分适合不同消费者”的比例达43.45%这与第7题类似，说明不同价格层次的药品结构有待完善，必须做市场调查。

说明：消费者要求多一些普通厂家品牌但适合普通消费者的药品，比例达56.22%，增加知名厂家品牌43.7%。说明老百姓大药房主要是普通大众来消费的药房，所以产品结构二三线品种与一线品种的比例必须调节好，合理采购配置。

11. 您在老百姓大药房是否碰到过质量问题？

① 有（84　9.94%）　② 没有（716　90.06%）

分析：碰到质量问题的消费者比例9.94%，质量问题是不容忽视的一个重要问题，必须认真对待，质量是企业的生命，特别是药品。

12. 您除了自己来老百姓大药房消费还经常给别人代购商品吗？

① 是（365　40.74%）② 没有（233　26%）③ 偶尔（298　33.26%）

分析：来老百姓大药房消费的顾客给别人带药的比例有33.26%，说明价格有优势，品种有优势，交通不是很方便。

13. 您觉得老百姓大药房卖场商品摆设是否科学合理？

① 合理（652　75.2%）② 需要调节（198　22.84%）③ 不合理（17　1.96%）

分析：商品摆设不适合消费者购药习惯的比例达22.84%，商品摆设是否需要调整，按GSP标准为基础尽量符合消费者的购药习惯，同时加强主动服务意识，引导消费。

14. 您认为老百姓大药房的广告宣传应该在哪些方面加强？

① 电视新闻（206　14.74%）② 电视广告（286　20.46%）③ 报纸新闻（160　11.44%）④ 报纸广告（137　9.8%）⑤ 户外广告（127　9.1%）⑥ 药房各种活动（332　23.95%）⑦ 各种媒体活动参与（150　10.73%）

分析：广告效应消费者认同的主要还是DM及活动，比例达23.95%，而要求电视广告（硬性）加强占20.46%，消费者从电视广告上获取信息占较大比重，这也说明石家庄电视广告插播有一定的收视率。

15. 您对老百姓大药房的促销活动是否感兴趣？应该多做什么样的活动？频率该如何设置？

① 感兴趣（503　28.16%）② 好，应该多做（250　14%）③ 无所谓，可有可无（71　3.98%）④ 买赠促销（195　10.92%）⑤ 抽奖活动（102　5.71%）⑥ 歌舞表演，知识抢答（85　4.76%）⑦ 厂商产品推介（58　3.25%）⑧ 其他____（8　0.45%）⑨ 半月一次（192　10.72%）⑩ 每月一次（268　15.01%）⑪ 2个月一次（54　3.02%）

分析：消费者对促销活动感兴趣，主要是买赠促销，而抽奖活动与厂商推介只差0.9个百分点，因消费者感觉抽奖活动存在一定的欺骗性，积极性不高，以后在厂商场外产品推广活动上加大力度促进销售。促销活动的频次消费者希望每月都有的15%，半月一次的10.75%，促销活动对石家庄消费者有较强的吸引力，大的促销活动必须坚持，但要找到最佳结合点。

16. 您是否有过到医院看病到药房买药的经历？

① 经常（301　42.39%）② 有，但不经常（359　50.56%）③ 没有

(50 7.04%)

分析：到医院看病到药房买药的消费者“有，但不经常”比例高达50.56%，这也是老百姓大药房持处方购药一直较少的原因之一，导致这个原因的有：(1) 药房离医院较远；(2) 处方药医院品种少。

17. 您认为老百姓大药房的处方药品种是否齐全？品种最齐全的药房是：

① 齐全（135 20.21%） ② 较齐全（370 55.39%） ③ 不齐全（54 8.08%） ④ 不太清楚（109 16.32%）

分析：消费者认为处方药品种结构较齐全只有55.39%，说明处方药产品结构需要调整。

18. 您在消费时碰到过服务很周到的服务员吗？请您投一票：

分析：无消费者投票。说明顾客对营业员的服务无很深感触。我们的“星级营业员”在顾客眼中都无印象，说明我们的服务需要加强。

综合分析如下。

宣传：注重DM和其他宣传资料的综合利用，多制造一些新闻卖点，引起媒体关注，多做新闻，尽可能以最少的费用制造出最佳广告效应。加强社区活动、厂商推介宣传、口碑宣传，巩固商圈内的消费群，合理挖掘商圈的消费群体。

价格：价格体系合理化，根据零售市场动态科学化地调整价格体系，让消费者敏感的产品必须具有价格优势。

服务：充分提高员工的服务素质，多培训考核。加强主动服务意识，“法制”必须落实常抓不懈，“人性化”的管理要科学，只是“法制”的辅助，管理无情，严格要求遵守制度从管理人员开始。

质量：不容忽视，近来的质量投诉已敲响警钟，各部门必须配合好才能减少事故的发生率。

活动：科学化的设计，多进行市调，根据时令季节和消费者不同的消费习惯，创造性合理布置分配促销活动，力争活动产生最佳效应。

产品结构：必须进行“扎实”的市调，数据要真实，尽可能科学合理调节产品结构，符合消费者用药特点、用药习惯。

“处方市场”的攻坚：想尽一切办法扩大“市场份额”，集思广益，全员皆兵。

案例二 关于调查中的几个问题的编码

(1) 一个关于美国家庭汽车保有量调查中的几个问题的编码，具体编码方式见表5-5。

表 5-5 封闭式问题的编码

回答问题	问题的选项	选项的数字编码	答案类型
您的居住区域	A. 北方 B. 南方	1=北方,2=南方	属性水准
您的价值取向	A. 自由主义 B. 保守主义	1=自由主义,2=保守主义	属性水准
您在购车时是否使用信贷手段	A. 是 B. 否	1=是,2=否	属性水准
家庭人口数	(　)人	填入的数值为几编码就为几	数量水准
您家庭汽车保有量	A. 1 辆　B. 2 辆 C. 3 辆　D. 多于 3 辆	1=1 辆　2=2 辆 3=3 辆　4=多于 3 辆	数量水准

(2) 在对于某市彩电需求的调查中，其开放式问题是：您为什么选择该品牌的彩电？研究者翻阅所有受访者记录后，将原因一一列出，而后归并成六类，并指定编码如表 5-6、表 5-7 所示。

表 5-6 开放式问题答案

问题:您为什么选择该品牌的彩电？列出答案如下(设只有 14 个样本)		
1. 质量好	6. 耐用	11. 经常在广告中看到
2. 外形美观	7. 高科技	12. 我没想过
3. 价格便宜	8. 体积小	13. 我不知道
4. 清晰	9. 是名牌	14. 没有什么特别原因
5. 色彩丰富	10. 大家都买这个牌子	

表 5-7 对表 5-6 中开放式问题的合并分类和编码

回答类别的描述	上表中的回答	编码
质量好	1,4,7,6	1
外形美观	2,5	2
价格便宜	3	3
体积小	8	4
名牌	9,10,11	5
不知道	12,13,14	6

第6章　服装市场预测概述

6.1　服装市场预测概述

纺织产品和服装产品是居民生活的必需品，纺织服装行业在我国国民经济发展中占有重要地位。随着社会的发展，消费者的需求不断变化，企业需要按照市场的要求开发纺织服装产品。纺织服装生产者需要依靠预测进行原材料采购、生产计划制订、库存管理、物流配送等决策活动；纺织服装商业经营者需要依靠预测补充产品、制定销售策略。因此对于任何一个纺织服装生产者和经营者的经营决策而言，服装市场预测都必不可少。

6.1.1　服装市场预测的含义

预测是指依据过去的实际与现在的状态去预期未来，根据已知的事物对未知事物进行预计和测算，运用科学的手段去探索事物发展规律，并根据这种规律去预测事物的变化趋势和可能出现的具体现象。

市场预测是预测科学在市场营销活动决策中的具体运用。是在市场调查的基础上，运用科学的预测手段与方法对影响市场营销活动诸因素的过去和现在的状况及发展变化进行分析研究，对营销因素的未来发展与不确定状态做出判断、预计和测算。

服装市场预测是在对服装市场进行市场调研的基础上，运用科学的预测手段与方法对影响服装市场诸因素的过去和现在的状况及发展变化进行分析研究，对服装市场的未来发展与不确定状态做出判断、预计和测算。例如，对纺织服装企业的产品需求状况的预测、利润变化情况的预测、纺织服装价格的预测、服装消费心理的预测、居民消费习惯和购买力情况的变化预测等。

6.1.2 服装市场预测的原理

服装市场预测所依据的原理主要有如下几个。

1. 惯性原理

惯性是指事物保持其原来状态（包括静态和动态）的一种属性。根据惯性原理去分析目标事物，即预测对象过去与现在的运动状况，找出反映预测对象原来状态的运动规律并加以延续，就可以预测事物未来及其发展变化的特点。惯性原理也称为预测的延续性原理、趋势性原理等。

根据惯性原理去分析目标事物。即是如果认为没有足够强大的外部力量可以改变预测对象运动状况，则找出反映预测对象原来状态的运动规律并加以延续，就可以预测事物未来及其发展变化的特点。

2. 相关性原理

任何事物的发展变化都不是孤立的，都是在与其他事物的相互影响、相互制约、相互联系中发生的。

从相关性原理出发，通过研究分析预测对象与其相关事物之间的相关关系和影响程度，揭示事物发展变化的因果关系和发展变化在时间上的规律性，就可以从原因事件的变化而预测结果事件的发展趋势，从先导事件的变化而预测后致事件的变化。

3. 统计学原理

关于事物发展变化过程的统计数据，可以用统计表或图表的形式表现出来，是一种说明事物发展变化内在规律的外在形式，它们在某种程度上反映了事物的内在规律性和它们相互之间的联系。根据以往统计资料提供的规律，寻找事物结果发生的概率，并由此对市场营销活动可能产生的效果等进行预测，称为统计学原理。

通过收集、整理、分析历史记录的各种有意义的数据，以及由这些数据形成的时间序列，并且先将这些数据进行抽象化思考，从中寻找事物发展变化的规律，然后加以利用和延伸，就形成了定量预测方法和预测公式。

4. 类比原理

从一个已知事物去类推预测对象未来的方法被称为类比法。从对一个有代表性的事物进行的总结和归纳中，推断事物的总体特征；从已知事件的已知运动规律与总体变化特征，去推断与之相类似的另一个事物的未来运动规律与变化特征。

6.1.3　服装市场预测的作用

服装市场预测是纺织服装企业正确实施市场营销管理的基础，是纺织服装企业进行决策的前提和先决条件，正确的预测可以向纺织服装企业提出风险获救，为纺织服装企业制定应急方案提供依据，使纺织服装企业既可以避开市场风险，减少风险给纺织服装企业经营活动造成的不良影响。只有对需求的未来发展变化做出正确的预测，纺织服装企业才能按需调整产品结构，使产品适销对路、满足需求。

6.2　服装市场预测的类型

服装市场预测，从目的、时间和精度这些不同的角度形成了不同的划分方法，但主要的服装市场预测一般有以下几种分类法。

1. 按预测的产品层次划分

服装市场中的产品多种多样，需要分范围、分层次进行预测，按产品预测的范围进行划分，服装市场预测可分为：服装市场单项或单类商品预测、同类商品预测、分消费对象的商品预测和商品总量的预测。

（1）服装市场单项或单类商品预测。服装市场单项产品预测，即是对某单项纺织服装产品（如床单、西服、皮衣、衬衫等）按品牌、规格、质量、档次等分别预测其市场需求量；或者说对具体品牌商品的市场前景进行分析与判断，如某企业对自己品牌的某种运动服装的市场预测等，这是服装市场市场预测的基础。

（2）服装市场同类商品预测。服装市场同类商品预测，是指按商品类别（例如按针织品类、纯毛类、纯棉类等）预测服装市场需求量。对服装市场同类商品的预测，还可以进一步按同类商品的不同特征，如产地、质量等分别进行分类。

（3）服装市场分消费对象的商品预测。服装市场分消费对象的商品预测，包括两种情况：一是按某一消费对象（例如工人、农民、知识分子等）需要的各种纺织服装商品进行预测；二是按不同消费对象所需求的某种纺织服装商品的花色、款式、规格进行的预测。例如，休闲服不仅可以按男装、女装、童装进行预测，还可以按老年、中年、青年以及胖、中、瘦体型分别进行预测。

（4）服装市场商品总量的预测。服装市场商品总量预测，就是对纺织服装消费者需求的各种纺织服装商品的总量所进行的一种市场预测。

2. 按预测的时间层次划分

服装市场预测从时间概念来讲，时间的层次决定了预测的目标性，根据时间跨度的长短，一般把服装市场预测划分为：近期预测、短期预测、中期预测、长期预测。

（1）近期预测。服装市场近期预测时间跨度相对较短，一般在一周到半年以下，此种注重定量性分析，针对微观的服装企业为其日常经营提供决策服务，为纺织服装企业提供最新的、可靠的服装市场变化特征信息，有助于纺织服装企业在了解服装市场动态行情变化的前提下，把握有利时机并作出相应决策。

（2）短期预测。服装市场短期预测的时间界定一般为半年至 2 年以内，它的时间单位可以是月、旬、周、日，以定性分析为主，主要预测服装市场的年度需求量，不仅可在组织货源、安排市场、编制年度计划方面为服装纺织企业提供依据，而且有助于服装企业短期生产活动的确定以及各项措施、方案的实行，还有利于改进、提高纺织服装企业的管理水平。

（3）中期预测。服装市场中期预测时间范围为 2～5 年，一般以年为时间单位，它可采用以定量为主，定性与定量相结合的方法进行市场预测，主要预测服装市场的发展前景、修订纺织服装企业的长期计划以及安排跨年度工作。服装市场中期预测的对象一般是长期影响该市场发展的因素，经过服装市场的调查、分析、预测，可为服装企业的中期规划提供参考依据。

（4）长期预测。纺织服装企业的长期预测时间一般为 5 年以上，预测时间跨度较长，涉及因素复杂，不确定因素也多，一般以定性预测方法为主，对数据准确性要求不高，关键在于勾画出方向性的目标。其主要为纺织服装企业的长期规划及营销策略的制定提供方便，它预测的发展趋势注重服装企业的营销条件，主要是与纺织服装企业产品发展相关的经济技术的发展趋势，此外还有政治、社会方面的发展趋势。

3. 按预测的方法性质划分

服装市场预测，按预测要求质与量的侧重点不同，即预测方法的性质不同，可分为：服装市场定性预测法和定量预测法。

（1）服装市场定性预测法。服装市场定性预测法，又称经验判断分析预测法，该预测方法是推测预测对象未来的性质和发展方向，比较灵活，不需要经费，花费时间短，若运用得当，很有实用价值。但是存在比较主观、片面，预测精度差的缺点。

服装市场定性预测法主要有：销售人员意见法、经理人员意见法、顾客意见法、集合意见法、主观概率法、专家会议法、头脑风暴法、德尔菲法等，主要不在于推算未来的数量表现。例如：服装市场供求预测，就是要预见未来服装市场是供大于求，还是供不应求。

（2）服装市场定量预测法。服装市场定量预测法，又称统计预测法，是指使用统计方法，对统计资料进行推算的预测，其主要目的是推算预测对象未来的数量表现。具体又可分为服装市场时间序列分析预测法和因果分析预测法。

服装市场时间序列分析预测法，是指根据预测连续性原理，收集和整理待预测事物过去的资料，从中寻找出该事物随时间变化的规律，用数学模型将其表示出来，并据以进行预测的方法。其中常用的有三种：指数平滑法、趋势外推法、季节指数法等。服装市场因果分析法，是根据预测的相关性原则，从各种经济现象之间的相互因果关系中进行的预测方法。其中常用的有回归分析法、计量经济模型法、投入产出法等。

此外服装市场定量预测法还可以分为：点值预测和区间预测。点值预测是预测的变量值表现为单个数值，区间预测是预测变量值处于一定区间之内，表现为有一个下限数值和上限数值所确定的范围。例如：预测某市服装商品销售额为150万元，便是点值预测。预测某市明年A服装需求量为30万～40万件，这是区间预测。

4. 按预测的空间层次划分

服装市场预测，根据空间层次划分，可分为按照地理空间区域和经济活动的空间区域两种分类方法。

（1）按照地理空间区域划分。服装市场预测按照地理空间区域可分为国际市场预测、国内市场预测和地区市场预测。

纺织服装国际市场预测是对世界服装市场发展的预测。对它还可以划分为不同的地区服装市场预测，例如中东市场、拉美市场、西欧市场以及美国市场、日本市场等。纺织服装国际市场预测，主要是对纺织服装企业国际营销环境的发展趋势及营销渠道、营销方式、营销机会，以及纺织服装企业国际竞争等作出估计。由于涉及因素较多，工作复杂，一般采用定性分析，作中长期预测。

纺织服装国内市场预测，是一种对某种（类）纺织服装产品的国内需求和市场竞争态势的预测。纺织服装国内市场预测，也可以按地区划分来预测，例如农村市场、城市市场；还可以按地理区域划分进行市场预测，例如东北、华北等地区市场等。纺织服装国内市场预测一般是中长期预测，实际上纺织服装国内市场预测往往也是整个行业的市场预测。

纺织服装地区市场预测，是指纺织服装企业对纺织服装产品进入某一地区的目标市场的预测，例如东北地区、华北地区、西北地区以及华东、中南等地区市场；有时可更加明确具体地区划分，例如北京、上海、广州等地区市场。纺织服装地区市场预测，一般着重于市场潜力、消费习俗、纺织服装企业的产品销售额或纺织服装企业市场占有率等预测。其主要目标是为了扩大纺织服装产品市场占有率，开拓新市场或巩固纺织服装企业原有市场。纺织服装地区市场预测，多数属于中、短、近期预测。

当然，在进行国内市场或某一地区市场预测时，如果进行纺织服装企业市场占有率的预测，对国家和纺织服装企业来说，就更为重要。这有助于国家对经济的宏观调控，也有助于纺织服装企业保住眼前的一块“地盘”。

(2) 按照经济活动的空间区域划分。服装市场预测按照经济活动的空间区域划分可以分为宏观市场预测与微观市场预测。宏观市场预测是从国民经济的全局出发，对纺织服装产品的生产和流通总体的发展方向做出综合性经济预测和市场预测；微观市场预测则是从企业市场经营环境出发，对生产和经营的商品及市场占有率等方面进行的预测。

6.3 服装市场预测的内容和程序

6.3.1 服装市场预测的内容

服装市场预测与服装市场调查，在内容上同样的广泛和复杂，由于服装市场主体的不同和服装市场预测的目的要求不同，服装市场预测的侧重点也有所不同。从纺织服装企业来说，进行服装市场预测，主要有以下几个方面的内容。

1. 服装市场消费需求预测

服装市场消费需求，指现实消费者和潜在消费者对某种纺织服装商品需求的总和。

服装市场消费需求与预测，指在一定时期、一定的市场范围内，预测消费者和用户对某种纺织服装商品具有的购买能力的需求。

服装市场需求受多种因素的影响，但主要因素是经济因素中的社会购买力，例如消费者收入和支出、币值等因素。服装市场需求预测需在充分调查的基础上对服装市场质与量的需求进行预测，即纺织服装市场的需求量预测和需求纺织服装商品的品种、规格、花色、型号、款式、质量、包装、品牌、商标及需要时间的预测等。

纺织服装企业的销售受服装市场需求变化的影响，销售畅通与否，决定着生产规模的扩大和经营成果的实现。一般来说，需求增大时，销路会增加，价格会上升，纺织服装企业的生产规模也就会随之扩大；反之，需求减少时，销售受阻，价格大跌，生产规模也会随之受到制约。纺织服装企业经常预测服装市场需求变化，就可以及时地调整企业的生产规模，防止纺织服装产品滞销，保持良性循环。

2. 纺织服装产品生命周期预测

纺织服装产品生命周期，是指一种纺织服装新产品上市，在服装市场内由弱到强，又从盛转衰，直到被服装市场淘汰为止的全过程。它包括试销期、成长期、成熟期、衰退期四个阶段。

纺织服装产品生命周期预测，就是对销售量、获利能力的变化进行分析，在纺织服装产品生命周期的全过程中，对纺织服装产品需求量和利润量随时间变化的趋势所进行的预测。

纺织服装产品在其生命周期的不同阶段，由于服装市场需求和竞争状况的不同，其成本、销量、利润量等都是不同的，因此预测纺织服装的生命周期的转折时期就显得更重要。它便于纺织服装企业确定其纺织服装产品所处的阶段或将要进入的阶段，从而采取相应的经营决策，把握服装市场时机，增加纺织服装商品销量，提高利润收入。

3. 服装市场占有率预测

服装市场占有率是指在一定市场范围内，服装企业提供的某种服装商品的销售量在同一市场服装商品总销售量中所占的比例，或指服装企业的服装商品销售量占当地市场服装商品销售量的比例。

随着商品经济的不断发展，人们的需求日益增加，单个服装企业由于所拥有资源的有限性，决定了人们的某种需求是由众多提供相同或类似服装产品的服装企业群组成的。在一定条件下、一定时期内，某种服装商品的社会总需求量是一定的，一个服装企业的市场占有率增大了，则另一个服装企业的市场占有率便会减少。

服装企业进行服装市场占有率预测分析，可以揭示服装企业所处的市场地位及变化机会，从而不为销售量的绝对数所迷惑，真正感受到服装市场竞争的压力，促进服装企业注重产品的更新换代，注重员工素质和服务质量的提高、促销艺术的改进，留住老顾客，吸引新顾客，使服装企业在服装市场竞争中立于不败之地。

4. 服装市场销售预测

服装市场销售预测是从服装企业的角度预测本企业未来服装商品销售的前景。包含了质与量的预测：质的预测是解决“适销对路”的问题，如同一种服装产品从几处进货，消费者是喜欢外地产品，还是本地产品，服装产品销售状态是畅销，还是滞销等。量的预测解决“销售数量和销售额”的问题，如保本的销售预测、实现目前利润的销售预测、服装企业最大利润的销售量预测等。

在市场经济条件下，服装企业参与市场竞争的目的是争夺市场、扩大销路、获取利润。利润与销售量直接相关，在其他条件不变的情况下，销售量的扩大就意味着利润的增加。对服装企业的服装商品销售进行预测，可以使服装企业进一步了解消费者的具体要求，找出服装商品销售在服装市场上存在的问题，为服装企业确定生产计划，特别是销售计划、销售措施提供依据。

5. 纺织服装商品资源预测

服装商品资源预测，是指在一定时期内，投放服装市场的可供出售的服装商品资源总量及其构成和各种具体服装商品销售进行预测。可供出售的服装商品资源主要来自生产部门，其次是进口，此外还有国家储备、商业部门的存储以及社会潜在的物资。

我国由于外贸进口主要由国家控制，因此服装商品的资源预测主要是预测生产部门可供销售的服装商品量及其构成。在预测时，往往与需求预测结合起来，用以预见未来服装市场需求矛盾的变化趋势。

服装市场预测内容除了以上几种外，还有服装市场价格预测、服装新产品发展预测等。

6.3.2 服装市场预测的程序

服装市场上的产品多种多样，变化速度也快，使服装市场预测有了一定的难度，又表明了服装市场预测的必要性。服装市场预测基本程序的制定，有利于提高预测工作的效率，保障预测的精度与质量，以便更有效地为纺织服装企业经营决策工作服务。具体如下。

1. 确定预测目标

进行服装市场预测，首先要具体、准确、清楚地确定预测目标，服装市场预测目标的恰当与否，不仅决定着服装市场预测的其他程序，而且会直接影响市场预测结果。明确预测的目标，更容易决定收集和整理哪些方面的信息。例如要预测消费者对纺织服装商品的需求情况，就要抽样调查了解消费者需要哪些纺织服装商品，数量多少，何时需要。预测目标的明确，可以确定采取何种预测方法，预测的重点该放在何处。故而，明确目标、要求具体，是有效进行服装市场预测的前提和决定性步骤。

2. 拟定预测计划

为了保证服装市场预测目标的顺利实现，要拟定具体周详、切实可行的预测计划。预测计划应包括：服装市场预测工作的负责单位；预测前的准备工作；收集和整理信息资料的方法和步骤；预测方法的选择；对预测准确度的要求；预测工作的期限；预测费用等。预测计划在实践后，对于存在问题的地方可对原计划进行修正，所以，预测计划是确保预测工作按时完成的重要依据。

3. 收集和整理信息资料

预测目标的建立，需要以有关的信息资料为依据，因此要收集预测目标未来发展的有关信息资料。内部资料：主要包括纺织服装企业内部积累的统计资料、市场调查报告、市场动态分析等。外部资料：主要包括政府部门公布的统计资料、高等院校和科研单位的研究报告、报刊发表的服装市场资料等。

对已有的原始资料要进行调整，凡是统计指标的口径、统计核算的方法、统计时间等前后不一致的要进行调整。凡是受某些非常因素影响的数据，要加以剔除。凡是通过整理发现原始资料需要补缺的，要尽量收集补齐。

4. 选择预测方法，建立预测模型

服装市场预测方法的选择要服从预测目的，其核心是建立预测模型。在服装市场预测时，应根据预测目标和占有的信息资料，选择适当的预测方法和预测模型进行预测。预测方法和预测模型的选择，还要考虑预测费用的多少和对预测精度的要求。按照选定的预测方法所得预测结果，一定要尽量接近客观事物的实际情况。例如，威龙纺织公司 1～3 月份的纺织服装销售额分别为 165 万元、250 万元、350 万元，若采用简单平均来估计 4 月份的销售额，则 4 月份的销售额为 255 万元。这个预测结果显然与销售额的发展趋势不同。为此，就必须了解所采用的预测方法的基本特征，认识其优缺点，以便在实践中正确使用，提高预测的准确度。有时还可以把几种预测方法结合起来使用，互相验证和综合分析预测结果。

一般来说，对定量预测，可以建立数学模型；对定性预测，可以建立逻辑思维模型。然后，选择适当预测方法进行预测模型计算和估计。

5. 分析评价预测模型

根据预测模型，输入有关的资料，经过运算，获得预测结果后，对预测效果进行评估，以便不断改进预测方法，积累预测经验，使预测技术日趋成熟。若估计预测误差在要求允许的范围之内，则预测效果好，可以采用；反之，则预测效果差，不能采用，应该修正和重新预测。

6. 修正预测模型

当估计预测误差大时，应具体分析产生误差的原因，并及时修正，重新测算和预测。常用的修正方法有：增加样本容量；增加解释变量个数；改变方程结构形式；根据平均误差的大小，调整方程截距；改变预测方法等。

7. 写出总结报告

预测报告是对整个预测结果的总结。具体地说，应将预测的全过程及取得的预测结果进行概括说明，指出预测的精度、预测目标实现的前提条件和可能性、实现预测结果应采取的措施和计划。同时认真总结预测的经验和教训，进一步改进预测工作。

6.4 服装市场调研与市场预测的关系

6.4.1 服装市场调研的意义

服装市场调研，即服装市场调查，是用科学的方法，搜集、整理和分析有关市场信息资料，为纺织服装企业的市场预测、管理决策提供市场信息的过程。管理者进行纺织服装企业管理所得情报源于市场调查，服装市场调查的意义可归纳为以下四个方面。

1. 服装市场调查是获取服装市场信息的必由途径

在现代市场经济条件下，信息对于任何企业来说都是一种资源，企业经营活动的起点就是收集信息。一个纺织服装企业要从事生产经营活动，首先就要知道自己生产何种纺织品、生产量多少等问题。在市场经济条件下，这些信息只能而且必须由企业进行市场调查去寻找有用的信息。

2. 服装市场调查是认识服装市场的最佳途径

市场是一个大环境，纺织服装企业从事市场经营活动最基本的要求就是了解、认识适合自己生存和发展的客观环境，即市场。企业要想了解市场的基本情况，就要通过市场调查来实现。在纺织服装企业的经营实践中，了解消费者的需求只是认识市场的第一步，要全面深入地了解服装市场，企业还需要了解更多、更全面的信息，进行更多的市场调查。

3. 服装市场调查是纺织服装企业发现市场机会和问题的重要手段

纺织服装企业经营管理的重要内容之一就是及时地发现市场机会或问题，不断寻求新的市场机会，是企业在市场竞争中寻找发展、扩张的需要，清除企业实现经营目标的障碍，是企业保持持续稳定经营的有力保障。机会和问题总是以各种形态的市场信息表现出来的，对于随机出现的机会和随时发生的问题，企业的经营管理者需要通过相关的信息来发现和识别市场机会和问题，市场调查就是全面获取这些市场信息最直接有效的手段，因此，服装市场调查是企业及时发现市场机会和问题的必要手段。

4. 服装市场调查是纺织服装企业经营与管理决策的依据和基础

从现代企业经营管理的角度来看，服装市场调查的根本任务就是为企业的经营决策和管理决策提供依据和支持。在市场经济条件下，企业自主经营、自主决策、自负盈亏，实际而科学的决策在一定程度上决定着企业的经济效益和前途，而科学正确的决策则依赖于对市场的准确分析和把握。就是说科学正确的经营决策必须以科学准确的市场调查为基础。

总之，服装市场调查是现代纺织服装企业的重要组成部分，其市场调查活动贯穿于企业经营管理过程的每个环节，渗透到各个方面。从营销管理方面来说，在服装市场营销的分析、计划、组织、实施和控制的每个阶段，都需要市场信息的支持，需要服装市场调查来提供必要的信息。而且，随着市场的不断扩展、市场营销环境的加速变化和市场竞争的日益激烈，纺织服装企业对市场信息的需求和依赖程度也越来越高，从而对服装市场调查的需求和依赖程度也越来越高。

6.4.2　服装市场预测的意义

如今的市场经济，决定了任何经济活动都离不开市场预测。服装市场预测，是综合服装市场在过去和现在呈现的各种状态，应用科学的方法对服装市场未来的变化进行预测，为纺织服装企业营销活动的科学决策提供依据的一系列活动。服装市场预测存在如下诸多方面的意义。

1. 服装市场预测是纺织服装企业经营决策的基本前提

经营决策的正确与否以及正确程度的高低，决定着企业的成败，正确的决策需以科学的市场预测为基础。首先，市场预测为经营决策提供未来的有关经济信息；其次，市场预测为经营决策提供决策目标和必要的备选方案；再次，市场预测为经营决策方案实施提供参照系，以利于调整经营措施，确保决策目标的实现。

2. 服装市场预测是纺织服装企业实现资源有效配置的基本依据

在市场经济条件下，经济发展中生产、流通、交换、分配的关系，产、供、销的关系，资源配置的关系都只能以市场为导向，才能求得合理的组织与良性的循环。市场竞争激烈，变化无常，没有科学的资源预测，就不能实现资源有效配置，达不到市场机制的正常运作。正确而科学的市场预测，有助于企业通过市场变化信号，掌握商品供求变动与价格趋势，从而正确确定与调节自己的经营方向，制定相应的营销策略，合理安排人、财、物的比例和流向，使资源得到最充分的利用。

3. 服装市场预测是纺织服装企业提高管理水平的基本条件

一个企业的经营管理水平，不仅表现在决策水平上，而且还表现在经营计划的水平上。企业经营计划不仅离不开企业历史的和现实的状况与轨迹，而且还需要把握企业环境的变化趋势、产品发展趋势以及市场供需的变化趋势。只有通过科学的市场预测，才能使各项计划指标得以量化并避免主观性和盲目性。

4. 服装市场预测是纺织服装企业实现利益最大化的重要手段

在影响企业经济效益的众多因素中，市场调查与市场预测工作无疑是重要的影响因素，只有在市场调查的基础上，重视并做好市场预测的工作，才能制定正确的决策，使企业的行为符合市场需求，从而实现企业利益的最大化。

综上所述，服装市场预测是宏观经济管理和微观经济决策的重要职能，是科学组织社会化大生产，有效利用市场机制，合理配置资源，提高经济效益的重要手段，是企业按照市场经济发展规律，科学制订企业市场营销发展战略和营销计划的客观依据，在经济决策和计划管理中发挥越来越重要的作用。

6.4.3 服装市场调研与市场预测的联系与区别

服装市场调研与预测是纺织服装企业制定营销活动各项策略的基础，二者是两个相对独立的部分，既存在密切联系，又有独特的部分。

1. 服装市场调研与市场预测的联系

（1）服装市场预测的项目源于服装市场调查。服装市场调查，是为了解决服装市场营销活动及企业管理过程中面临的诸多问题和矛盾，或者为市场预测提供研究方向。如企业发现商品销售下降、利润减少，一般就要进行市场调查，搜集材料，分析原因，采取对策。市场预测是为了了解未来市场发展趋势，制定营销策略，而没有市场调查的基础，这一市场预测目标就无法实现。

（2）服装市场预测所需资料源于服装市场调查。市场预测要想取得准确的结果，必须对市场信息进行分析，从中找出规律性，选择正确的预测方法。而市场调查获得的大量信息资料正是市场预测的资料来源。如市场调查成果除了市场调查报告外，还有大量系统的市场信息资料。这些为市场预测数学模型的建立与求解提供了大量历史数据，有助于取得准确可靠的预测结果。

（3）服装市场预测技术的丰富和充实源于服装市场调查方法。市场调查方法很多，具有简便实用、易懂好掌握的特点，市场预测的许多方法正是在市场调查基础上充实、提高而形成的，如用于预测的“专家意见法”。有些简单的市场调查方法，如小组座谈法等，若在调查内容中加进预测项目，同样可以得到简明的预测效果。

（4）服装市场预测的结论要依靠服装市场调查来验证和修订。服装市场预测尽管具有一定的科学性，但毕竟是事先的估计，不是客观事实，需要市场发展的实践来检验，因此需要市场调查分析、论证预测的成功或失误的原因，总结经验教训，不断提高市场预测水平。此外，在作出预测之后，也可以通过市场调查获得新的信息，发现新的问题，对预测结果进行修正。

综上，纺织服装调查是认识服装市场变化的起点，也是服装市场预测的出发点。离开市场调查，根本谈不上科学的市场预测。因此，市场调查实际已成为市场预测的有机组成部分。市场预测只有建立在市场调查的基础之上，才会结出丰硕的果实，才能发挥其应有的作用。

2. 服装市场调研与市场预测的区别

（1）服装市场调研与市场预测的侧重点不同。服装市场调查与市场预测，都是研究市场商品供求关系及其影响因素，虽然不免有交叉、重叠部分，但区别依然明显。

纺织服装调查侧重对于市场现状和历史的研究，是对客观事实的描述性研究，目的是了解市场客观实际情况，弄清事实真相并及时捕捉市场信息。

服装市场预测侧重于市场未来的研究，是一种预见性研究，着重探讨市场供求关系的发展趋势及各种影响趋势变化因素，目的是对未来的市场及时作出推断和估计。

（2）服装市场调研与市场预测的结果不同。服装市场调查所获得的结果是市场的各种依据、资料和调查报告，这些都是客观现实的真实反映，涉及的内容比市场预测要广泛得多，既可作为市场预测的依据和资料，也可直接为经济部门和企业的日常管理提供依据。

服装市场预测所获得的结果是关于未来市场发展的预测报告，是一种有一定科学依据的假定，主要为制订计划和管理决策服务。

（3）服装市场调研与市场预测的研究过程和研究方法也不完全相同。服装市场调查是在对市场缺乏全面了解时，进行初步的研究，一旦对市场有了认识，了解了市场现状，就可规划未来的发展目标，就需要对市场做进一步的预测。从研究方法看，市场调查的方法多属于了解情况、认识市场、捕捉信息的定性研究。

纺织服装预测方法多是建立在定性分析基础上的定量测算，许多方面需要运用数学方法和模型进行测算。

6.5 本章小结

（1）服装市场预测是在对服装市场进行市场调研的基础上，运用科学的预测手段与方法对影响服装市场诸因素的过去和现在的状况及发展变化进行分析研究，对服装市场的未来发展与不确定状态做出判断、预计和测算。例如，对纺织服装企业的产品需求状况的预测、利润变化情况的预测、纺织服装价格的预测、服装消费心理的预测、居民消费习惯和购买力情况的变化预测等。

（2）服装市场预测需要惯性原理、相关性原理、统计学原理、类比原理等基本原理作为指导。

（3）服装市场预测是纺织服装企业正确实施市场营销管理的基础，是纺织服装企业进行决策的前提和先决条件，正确的预测可以向纺织服装企业提出风险获救，为纺织服装企业制定应急方案提供依据，使纺织服装企业既可以避开市场风险，减少风险给纺织服装企业经营活动造成的不良影响。只有对需求的未来发展变化做出正确的预测，纺织服装企业才能按需调整产品结构，使产品适销对路、满足需求。

（4）服装市场预测按照产品、时间、性质、空间等层次可以分为不同的类型。

（5）服装市场预测与服装市场调查，在内容上同样的广泛和复杂，由于服装市场主体的不同和服装市场预测的目的要求不同，服装市场预测的侧重点也有所不同。从纺织服装企业来说，进行服装市场预测，主要有：服装市场需求预测、产品生命周期预测、市场占有率预测、市场销售预测、商品资源预测等。

（6）服装市场上的产品多种多样，变化速度也快，使服装市场预测有了一定的难度，又表明了服装市场预测的必要性。服装市场预测基本程序的制定，有利于提高预测工作的效率，保障预测的精度与质量，以便更有效地为纺织服装企业经营决策工作服务。具体包括：确定预测目标、拟定预测计划、收集和整理信息资料、选择预测方法、建立预测模型、分析评价预测模型、修正预测模型、写出总结报告。

（7）服装市场调研与预测是纺织服装企业制定营销活动各项策略的基础，二者是两个相对独立的部分，既存在密切联系，又有独特的部分。联系在于：服装市场预测的项目源于服装市场调查、所需资料源于服装市场调查、技术的丰富和充实源于服装市场调查方法、结论要依靠服装市场调查来验证和修订。区别在于：侧重点不同、结果不同、研究过程和研究方法也不完全相同。

第7章 服装市场定性预测法

7.1 服装市场个人判断预测法

服装市场个人判断预测法指预测者个人根据所掌握的服装市场信息资料，凭借自己的知识经验，对预测目标作出符合客观实际的估计与判断。在服装市场预测中，常用的个人判断预测法有：经理人员意见法、销售人员意见法和顾客意见法。

1. 经理人员意见法

经理人员意见法，是根据厂长、经理等高级主管人员的意见，加以综合后得出预测结果的一种方法。由于厂长、经理等高级主管人员对纺织服装企业的产、供、销情况比较熟悉，掌握的资料也比较全面，而且对纺织服装企业的发展战略、宏观经济环境也了解较多，又具有实践经验，因而是一种常用的预测方法。

经理人员意见法的主要步骤如下。

（1）由经理根据经营管理的需要，向业务主管部门提出预测目标。

（2）各业务主管部门根据自己所掌握的情况，提出自己的预测意见。

（3）经理对各种意见综合、判断、分析，得出预测结果。

例1 南大百货商场对来年春季四大类穿着商品销售情况进行预测。根据各销售部门预测的情况，商场经理汇总得出来年春季风衣销售将增长3～4倍；牛仔服增长80％～90％；男女衬衫增长70％～80％；而面料、针织、鞋帽销售增长分别为40%、50%和30%。由此分析预测出，来年春装市场看好，四大类穿着商品中牛仔服将上升最高。

经理人员意见法的优点是：简单、经济和预测时间短；不需要大量资料；可以发挥集体智慧使预测结果更准确：如果服装市场发生了变化，可以立即修正。其局限性在于：预测的结果容易受主观因素的影响；对服装市场变化、顾客的期望等问题了解得不细，预测的精确度不高。所以这种方法一般用于近期或短期的服装预测，或结合其他方法使用。

2. 销售人员意见法

销售人员意见法，就是在进行服装市场预测时，服装企业将本企业销售人员集中起来，让他们对自己负责的销售区域（或产品）未来的销售额作出估计，然后把他们每一个人的估计销售额汇总起来，对服装市场销售前景作出预测的方法。该方法一般适用于近期或短期预测。

销售人员意见法的一般步骤如下。

（1）由服装公司或企业向销售人员提供背景材料。背景材料包括本服装公司或企业的营销策略、措施，产供销的统计资料和市场信息，供销售人员作为预测参考之用。

（2）销售人员根据自己所经营的服装商品品种、种类、顾客消费情况及经营状况，预测次季、次年的销售量和销售额。

（3）各销售区域、商场负责人，对销售人员的预测结果进行审定、修正，并进行汇总、上报。

（4）服装公司或企业将下手销售区域、商场的预测数进行汇总、审核、修订后，得出预测总数。

例2　鸿发纺织服装公司有3名销售经理，他们对自己负责的销售区域下一年度皮衣销售额分别做了估计，见表7-1。

表7-1　各销售人员估计销售额表

预测人员	估计值						
	最高销售额/万元	概率	最可能销售额/万元	概率	最低销售额/万元	概率	期望值/万元
张经理	400	0.2	320	0.5	240	0.3	312
李经理	300	0.3	280	0.6	240	0.1	282
王经理	300	0.3	280	0.6	220	0.1	282

表7-1中期望值的计算公式为：

期望值＝最高销售额×概率＋最可能销售额×概率＋最低销售额×概率

如果将这三个销售人员的期望值合计求平均，就可以得到鸿发纺织服装公司下一年度皮衣销售的预测值为 292 万元。

销售人员意见法的优点是：销售人员最接近服装市场和客户，对用户的需求、销售动向和厂家的产品等比较了解，预测结果经多次审核、修正，较为接近实际。另外，预测目标由销售人员自己提出，有利于完成销售任务，也易于调动他们的积极性。

不足之处是：销售人员受工作岗位限制，虽然对近期、局部情况了解较多，而对纺织服装公司或企业发展战略和宏观经济发展状况却了解较少，因此，预测的结果就难免出现一些偏差。

3. 顾客意见法

顾客意见法（又叫用户意见法），是指通过收集用户购买意向、需求数量和对纺织服装商品评价等方面的意见，然后来推断纺织服装商品未来需求量的一种测试方法。

在收集用户意见时，可采用抽样调查等方式。收集用户意见可通过下列途径。

（1）由服装市场调查人员对用户进行个别访问、电话询问征询用户意见。

（2）发调查表或邮寄调查表，征集用户意见。

（3）通过举办服装商品展销会、订货会征询用户意见。

（4）通过服装商品零售柜台直接征集用户意见。

服装市场预测人员将征询到的用户意见，进行综合分析，并根据以往的经验和现时的经济状况，就可以预测用户在一定时期内对服装商品的需求数量、质量、品种、规格和价格等资料。

例 3　江州市针织机械厂 2018 年 4 月召开了一次订货会，该厂在订货会上采用发调查表的方式，向与会者进行了产品需求调查，调查项目如表 7-2 所示。

表 7-2　针织机械需求情况调查表

<table>
<tr><td>用户名称</td><td></td><td>所在地区</td><td>省　　市县</td></tr>
<tr><td>人数规模</td><td></td><td>主要生产品种</td><td></td></tr>
<tr><td colspan="4">请您回答下列问题(在回答栏中写明或打“√”,如不便回答,可写“?”)</td></tr>
<tr><td colspan="2">问题</td><td colspan="2">回答</td></tr>
<tr><td colspan="2">1. 贵单位现有多少针织设备?</td><td colspan="2">台车__台;棉毛机__台;罗纹机__;
羊毛衫圆机__台;弹力网眼机__台;其他________。</td></tr>
<tr><td colspan="2">2. 贵单位最近增添针织设备吗?</td><td colspan="2">今年下半年:增加__台;不清楚。
明年:不增;增加__台;不清楚。</td></tr>
</table>

续表

问题	回答
3. 贵单位认为我厂针织产品在哪些方面有缺点？服务方面有什么问题？	质量；品种；规格；包装；按合同交货；技术服务；其他________。
4. 您估计您单位明年对我厂产品需要量方面会有变化吗？	不变；增加；减少；不清楚（这仅是征求您个人的看法，不作为订货依据）。
5. 如有变化的话，您估计百分比有多大？	1%～5%；6%～10%；11%～15%；16%～20%；21%～25%；26%～30%；31%以上。
6. 您估计您单位明年对我厂产品的需求，在规格和品种方面有变化吗？	不变；有改变；增加；减少；不清楚。
7. 其变化的情况能告诉我们吗？	可能增加的规格和品种是________； 可能减少的规格和品种是________。
8. 贵单位当前需要我厂帮助解决哪些问题？	品种选择；针织设备使用方法；针织机械配件；其他________。
9. 贵单位对我厂有哪些意见和要求？	
请您将此表__月__日前填好送回，十分感谢您的支持和回答！	

调查表中1、2问是为用户建立针织机械使用档案；3、8、9问是为了改进产品质量，提高对用户的服务质量；4、5问是本次调查的主要问题，是预测下一年度针织机械销量的依据；6、7问是征询用户在下一年度对针织机械品种、规格方面的变化需求，为调整产品作参考。

该厂将调查表进行汇总后，根据4、5两个问题的答案，进行分析判断。该厂预测：2019年的针织机械销量将比2018年有所增长，增长幅度为16%～20%。

7.2　服装市场集体判断预测法

服装市场集体判断预测法（又称集体意见法），是指根据预测目标，通过会议的形式，召集与预测目标有关联的各方面人员，进行集体分析判断，得出预测结果。集体判断法与个人判断法相比，克服了个人判断的局限性，能够集思广益，充分发挥集体的智慧和力量。常用的服装市场集体判断预测法有：综合意见法和主观概率法。

1. 综合意见法

综合意见法，指以会议的形式，综合厂长、经理、经营管理人员、业务人员的意见，根据已掌握的信息资料，提出个人看法，对未来服装市场作出判断，最后用平均法进行数据处理，得出服装市场预测结果的方法。它是进行近期、短期服装市场预测的常用方法。

综合意见法的预测步骤如下。

（1）征询各类人员的预测意见。

（2）计算各人预测的期望值。

（3）计算各类人员的平均期望值。

（4）计算综合判断预测值。

例 4 东方纺织服装厂由王厂长、主管经营的李副厂长、3 名中层管理人员和 3 名销售员进行下一年的销售额预测。根据现有的服装市场信息资料，在综合分析判断的基础上，每个人从各自不同角度提出了自己销售额的期望值（期望值的计算参见主观概率法）。

计算各类人员的平均期望值。

① 王厂长的销售期望值 3200 万元；李副厂长的销售期望值 3400 万元；2 名厂级领导销售期望值的重要程度相同，权数相同，故平均期望值为：

$$\frac{3200+3400}{2}=3300\text{（万元）}$$

② 3 名中层管理人员，根据他们对服装市场信息掌握的情况、服装市场销售预测的经验、分析判断问题的角度、能力等的不同，分别给予不同的权数。如表 7-3所示。

表 7-3 中层管理人员的销售期望值和权数

职能部门	销售期望值	权数
销售部刘经理	3100 万元	0.5
生产科赵科长	3500 万元	0.2
财务科钱科长	3320 万元	0.3

平均期望值为：

$$\frac{3100\times0.5+3500\times0.2+3320\times0.3}{0.5+0.2+0.3}=3246\text{（万元）}$$

③ 3 名销售人员的销售期望值分别为：2720 万元、2900 万元、3360 万元，如果他们的业务水平、分析判断能力、预测经验大致相同，其预测值重要程度相同，权数相同，销售额平均期望值为：

$$\frac{2720+2900+3360}{3}\approx2993.2\text{（万元）}$$

即采用综合意见法预测：东方纺织服装厂明年销售额为 3222.5 万元。

综合意见法的优点是：参加人员较多，占有较大的信息量，能集思广益、相互启发、取长补短；发挥了纺织服装企业内不同层次人员的聪明才智，较全面地集中了各方面意见；快速、及时，节省经费，计算简便等。

不足之处主要有：易受心理因素的影响，例如，参加会议的人员可能有上级、权威人士、前辈、同事等，碍于“面子”和自尊心，而不能畅所欲言；易受个性因素影响，例如，各人不同的性格，可能影响与会者充分发表意见，难以形成统一认识等。

2. 主观概率法

主观概率法，是指预测小组以主观概率为权数，对定性预测中的各种定量估计进行加权平均，得出综合性预测结果的方法。主观概率，是个人对某一件事在未来发生可能性大小的主观估计值，反映个人对事件在未来发生可能性的主观判断的信任程度。主观概率也必须符合概率论的基本公理：每一事件发生的概率大于等于零，小于等于1；必然发生的事件概率等于1，必然不发生的概率等于零；在同一总体中各事件概率之和等于1。

主观概率法的预测步骤如下。

（1）每个预测者对未来销售作出最高、最可能和最低三种估计，确定各种估计的主观概率，加权平均计算每个人的预测期望值。

（2）根据过去预测的准确程度，确定参加预测者个人的主观概率，对各人的预测期望值进行加权平均，计算综合预测值。

例5　鸿发纺织服装公司的3名销售员对下一年销售额的预测如表7-4所示。

表7-4　销售人员预测期望值计算表

销售人员	估计	销售额/万元	主观概率	销售额×概率/万元
赵某	最高销售额 最可能销售额 最低销售额	3600 3200 2800	0.3 0.5 0.2	1080 1600 560
	期望值	—	1/3	3240
钱某	最高销售额 最可能销售额 最低销售额	3400 3000 2600	0.2 0.6 0.2	680 1800 520
	期望值	—	1/3	3000
陈某	最高销售额 最可能销售额 最低销售额	3200 800 2400	0.2 0.5 0.3	640 400 720
	期望值	—	1/3	1760

销售员赵某的期望值为：

$$3600\times0.3+3200\times0.5+2800\times0.2=3240\text{（万元）}$$

而销售员钱某、陈某的预测期望值可类推。

如果3位的判断能力不相上下，其主观概率各为1/3，则3人平均预测销售额为：

$$\frac{3240+3000+1760}{3}=2667\text{（万元）}$$

如果根据3位销售员他们的经验、能力等，确定他们预测值的权数分别为1、2、1，则综合预测值为：

$$\frac{3240\times1+3000\times2+1760\times1}{1+2+1}=2750\text{（万元）}$$

每个人期望值权数的确定，一般是根据过去各人判断预测的准确程度来确定的。

为了校正预测结果，还要计算平均偏差程度作为校正的依据。根据过去若干年的实际数和预测数对比，计算比率、平均比率和平均偏差程度，见表7-5。

表7-5　平均比率计算数

年份	2001	2002	2003	2004	2005	2006	2007	2008	平均比率
实际值/预测值	0.94	1.02	0.92	0.95	1.00	1.03	0.96	1.04	0.98

平均比率是各年比率的简单算数平均数：

$$\frac{0.94+1.02+0.92+0.95+1.00+1.03+0.96+1.04}{8}=0.98$$

各年实际值比预测值有高有低，各年实际值与预测值的平均比率为98%。

平均偏差程度＝平均比率－1＝98%－1＝－2%

表明实际值比预测值平均低2%，也就是预测值比实际值平均偏高2%。因此，应将预测值扣除2%加以校正。经校正后，则该公司明年销售额预测值为：2750×98%＝2695（万元）。

主观概率法常和前面介绍的经理意见法、销售人员意见法、顾客意见法综合运用。

7.3 服装市场专家预测法

专家预测法（又叫专家征询法），它是以专家为索取信息的对象，根据专家自己的知识、经验和分析判断能力，在历史和现实有关资料综合分析基础上，对未来服装市场变动趋势作出预见和判断的方法。它包括：专家会议法、头脑风暴法和德尔菲法。

1. 专家会议法

专家会议法（又称会议调查法），是指预测者邀请专家以开调研会的方式，向与会专家获取有关预测对象的信息，经归纳、分析、判断和推算，预测服装市场未来趋势的一种预测方法。

专家选择可以通过以下途径：由本领域和相关领域的权威人士和熟悉业务的高层领导推荐；从有关刊物上选择；通过专家之间相互推荐；通过学术团体、学术机构或组织推荐等。

采用专家会议法进行服装市场预测时，邀请的专家代表面应广，代表性应强；要根据预测对象范围的大小和难易程度确定会议规模，一般来说，会议规模不宜过大，以不超过 10 人为好；为确保讨论质量，预测者要根据预测目标的要求事先准备调查提纲，并且要精心选择会议主持人。

专家会议法与个人判断法相比：提供的预测方案丰富具体、准确可靠；特别是专家对预测对象发表个人意见时，便于相互交流信息，相互启发，弥补个人判断的不足。

2. 头脑风暴法

头脑风暴法，是指根据服装市场预测目标的要求，组织各类专家相互交流意见，在头脑中进行智力碰撞，使之产生新的思维和观点，并使这些论点进一步深化、集中，进而得出最佳预测结果。它是专家会议法的进一步发展，是运用专家们的创造性思维进行预测的一种方法。头脑风暴法可分为：直接头脑风暴法和质疑头脑风暴法。

（1）直接头脑风暴法。直接头脑风暴法，就是采用对所要预测的问题共同进行探讨，直接鼓励专家进行创造性的思维活动，促进专家小组得出预测结果的一种方法。具体做法如下。

① 确定与会专家的名单、人数和会议时间。为了提供一个创造性的思维环境，与会人员尽量互不相识；如果相互认识，一般不选择领导参加；会议人员一般以 10 人为宜；会议时间以 60 分钟为好，时间不宜过长。

② 会议主持人要创造一种自由、活跃、民主的讨论气氛，支持和鼓励不同意见，激发参加者参与讨论的积极性。会议主持人只出题目，不谈个人看法，严格限

制讨论范围，讨论要求具体明确、主题突出，对各种意见和方案不持否定和批评态度，只讨论设想而不分析这种设想是否正确和可行。自己谈自己的，不对别人的设想进行讨论，提出的预测设想多多益善，因为讨论问题越广越深，产生有设想的概率就越大。

③ 会议发言不允许宣读事先准备好的发言稿，提倡即席发言，发言要精练，切忌长篇大论、详细论述。

④ 会议主持人按如下程序将各种设想进行归类、比较和评价：对所有提出的设想编制名称一览表；用专业术语表述每一种设想的内容和特点；找出重复或互为补充的设想进行比较分析，以此为基础形成一种较为完整的综合设想；分组编制不同设想的一览表，并对每一种设想提出评价意见。

（2）质疑头脑风暴法。质疑头脑风暴法，是指对直接头脑风暴法提出的已系统化的预测方案，进行质疑的预测方法。其做法与直接头脑风暴法基本相同，只是对一种预测方案实现的可行性进行全面质疑和评价，在对已提出的设想能否实现进行论证时分析存在的制约因素以及排除限制因素的建议。在质疑过程中，鼓励提出可行性设想，从而进一步完善预测方案，形成一个更科学、更可行的预测结果。

3. 德尔菲法

德尔菲法，是在专家会议法的基础上发展起来的一种直观预测方法，它是采用函询调查，向参与预测课题有关的专家分别提出问题，然后将他们回答的意见综合、整理、归纳，匿名反馈给各个专家，再次征求意见，然后再加入综合、整理、反馈，这样经过多次的反复循环最终得出预测结果的一种经验判断法。德尔菲（Delphi）是阿波罗神殿所在地的希腊古城之名，德尔菲法是由美国兰德公司在20世纪40年代末首创，在国外的各种预测领域被广泛采用，并收到良好的预测效果。

德菲尔法一般按下列程序进行。

（1）预测主持者根据预测的目的和要求，拟定预测目标，提供有关资料，选定有理论水平和实践经验的专家15～20人。

（2）将调查提纲送寄每一位专家之手，请他们凭借自己的主观经验，对目标市场作出分析和评估，通过会议讨论或信函征询的形式，得出服装市场的初步预测结果。

（3）预测主持者将各种不同的预测结果及数据分类汇总并反馈给各专家，继续讨论或书面征询，几经反复，最后得出较为符合服装市场实际的预测结果。

（4）预测主持者根据基本趋于一致的预测结果，写出总结报告，以供决策者参考。

德菲尔法一般采用简单算术平均数法和中位数法得出综合预测值。简单算术平均法，就是用所有专家最后预测值的平均数作为综合的预测值；中位数法，是将所有专家的预测值按从小到大排序后，处于中间位置上的变量作为最后的预测值。

德菲尔法具有匿名性、反馈性、多向性和收敛性等特点，主要适用于宏观的、长期的服装市场预测。其优点在于：以专家的丰富知识和实践经验为判断基础，充分发挥专家的专业特长，在缺乏资料的情况下，预测结果可靠；征询意见广泛，不受地区、部门限制，方法简便、易行、实用。其不足在于：预测时间较长，因多种原因，例如回收率不高、专家中途退出、意见受心理因素等影响而不全面，往往对预测结果的精确性产生不利影响。

7.4　本章小结

（1）服装市场定性预测法，是对未来服装市场发展的性质进行预测分析，它是服装市场预测中最基本的市场预测方法之一。

（2）服装市场个人判断预测法、集体判断预测法和专家预测法均属于服装市场经验判断分析预测法，它是指在服装市场预测过程中，预测者根据服装市场信息资料，运用经验和主观分析判断，或者综合集体智慧，进行综合分析，对未来服装市场发展作出判断预测的一种方法。这是一种传统的预测方法，属于定性预测法。

（3）服装市场个人判断预测法指预测者个人根据所掌握的服装市场信息资料，凭借自己的知识经验，对预测目标作出符合客观实际的估计与判断。在服装市场预测中，常用的个人判断预测法有：经理人员意见法、销售人员意见法和顾客意见法。

（4）服装市场集体判断预测法（又称集体意见法），是指根据预测目标，通过会议的形式，召集与预测目标有关联的各方面人员，进行集体分析判断，得出预测结果。集体判断法与个人判断法相比，克服了个人判断的局限性，能够集思广益，充分发挥集体的智慧和力量。常用的服装市场集体判断预测法有：综合意见法和主观概率法。

（5）专家预测法（又叫专家征询法），它是以专家为索取信息的对象，根据专家自己的知识、经验和分析判断能力，在历史和现实有关资料综合分析基础上，对未来服装市场变动趋势作出预见和判断的方法。它包括：专家会议法、头脑风暴法和德尔菲法。

案例分析

德尔菲预测法的运用

某建材有限公司是一个集高科技和绿色环保于一体的新型建材企业，从奥地利引进全套先进的干粉砂浆生产线，2005 年正式投产，年生产能力 20 万吨，是目前国内生产规模最大的专业干粉砂浆生产企业。进入 2006 年以后，企业遇到了危机，全年销售干粉仅 3000 吨，财务账面亏损近 500 万元。究其原因，主要是产品品种少。为改变现状，市场研发部召集了企业内部技术人员、研发人员、市场营销人员和内部专家，讨论并制定了新产品研发项目方案，准备研发 12 个新的产品项目（其中改进 5 个老产品项目，开发 7 个全新新产品项目）。为了保证产品研发项目方案的正确性，保障企业的根本利益，决定采用德尔菲法来广泛征求企业外部各类专家的意见，对干粉产品项目今后的发展趋势做出判断。具体步骤如下。

（1）设计意见征询函。对于国内建筑行业来说，一个有发展前景的新产品研发项目应该满足以下特征：①低成本的；②适合国内市场的；③实用性强的；④有利于提高品牌形象的；⑤发展空间广阔。同时，预测小组将每一项指标的重要程度划分为很重要、重要、比较重要、一般、不重要 5 个档次，分别赋以分值 1、2、3、4、5，其中分值越小表示此指标越重要，由专家根据对指标重要程度的认识对每项指标赋分值。以初始指标集和赋值规则作为主体，再加上对咨询目的、意义和要求等的阐述，专家基本信息等内容，就拟订出了专家意见征询函。

（2）确定征询对象。考虑到实际操作过程中研究资源的情况，预测小组研究选择的专家主要有以下三种类型：一是地方政府建筑职能部门相关领导（简称“政府代表”）；二是有关建筑方面的高校及科研部门以及高校相关专业部分研究生（简称“研究人员”）；三是工厂技术干部和科研人员（简称“工厂人员”）。作为政府部门的在职人员，“政府代表”对预测未来产品发展趋势有充分的经验；作为高校及科研部门和高校的研究生，“研究人员”具备了相关产品的理论知识；作为工厂的技术干部和科研人员，“工厂人员”具备关于研发过程和结果相当的熟悉程度与经验。参与此次整个德尔菲法研究的专家总数约为 45 人，各类型专家的比例为 1∶1∶1。

（3）给专家发送意见征询函。按照德尔菲法的实施程序，将以研发项目评估为主体内容的意见征询函，通过信函、电子邮件的方式分别向 45 位选定的专家进行调查。

（4）汇总征询意见。从第一轮专家咨询的统计结果看出，各位咨询专家普遍认为准备改进的老产品和准备研发的新产品都有一定的可发展性和可行性。但专家反馈意见的离散程度普遍较高，这反映出专家们对重点选择和研发哪些产品项目的意见分歧较大，协调性差，需继续进行征询。

（5）反复征询。根据对第一轮专家咨询的统计结果，从12个待研发的产品项目中选出了大部分专家都认可的10个产品项目进入意见征询函，参加下一轮专家咨询。并把全部专家对产品项目的意见和建议都反馈给每个专家，让每个专家都可以充分地了解其他人的意见并有机会改变自己的次定。经过三次反复征询后，专家的意见已基本确定。将征询意见汇总整理归纳后，得出以下意见：从12个产品中最终选择出了5个产品项目构成了企业五年计划中需要研发的产品项目。其中包括待提高的老产品两种，淘汰1种；待研发的新产品3种，淘汰1种。公司在获得上述资料以后，并没有马上进行决策。市场研发部组织了专门的调查小组，进行了更深层次的调查。在2007年夏末，调查结束。公司获得了如下的重要信息：专家们所肯定的两种待改进的老产品和3种准备开发的新产品，经过小规模生产、销售试验发现，市场需求量和市场潜力都很可观。这说明运用德尔菲预测法进行预测的预测结果是比较准确的，起到了定性预测的作用。

第8章 服装市场定量预测法

8.1 服装市场时间序列分析预测法

服装市场时间序列分析预测法，简称为时序预测法，是以连续性原理为依据，以假设事物过去和现在的发展趋势会延续到未来为前提，从预测对象的历史资料所组成的时间序列中，找出事物发展趋势，并用其趋势延伸，来推断未来状况的一种预测方法。美国坎布里哈佛大学首先使用此法于商情研究和预测。目前，它已成为世界各国经济预测基本方法之一，不仅在微观范围，而且在宏观范围同样得到广泛应用。

本节内容主要讲述服装市场平均法、指数平滑法、线性趋势外推法、季节指数法等预测方法。

8.1.1 服装市场平均法

服装市场平均法是通过对历史数据的分析，消除时间序列的随机波动和季节波动，寻找时间序列的基本趋势所进行的预测方法，主要包括简单平均法和移动平均法两种。简单平均法又可分为简单算术平均法和加权算术平均法两种；移动平均法又可分算术移动平均法和加权移动平均法两种。

1. 简单平均法

(1) 简单算术平均法。简单算术平均法，就是以观察期预测变量的简单算术平均数作为下期预测值的预测法。它适用于趋势比较稳定的时间序列的短期预测。计算公式如下：

$$\overline{X}_{n+1}=\overline{X}=\frac{X_1+X_2+\cdots+X_n}{N}=\frac{\sum_{i=1}^{n}X_i}{N}(i=1,2,3,\cdots,n) \quad (8\text{-}1)$$

式中 $\overline{X}$——简单算术平均数；

$\overline{X}_{n+1}$——第 $n+1$ 期的预测值；

X_1，X_2，…，X_n——观测值，即各期（年、季或月）的销售量；

N——期数，即数据个数；

i——观测值的顺序号。

例 1 某服装厂 2018 年 1 月、2 月、3 月份服装销售额分别为：120 万元、140 万元、110 万元，预测四月份的销售额。

解： 按式（8-1）计算得

$$\overline{X}_4=\frac{120+140+110}{3}\approx 123.3\text{（万元）}$$

从例 1 可知，此预测方法简便易行。但由于将近期销售额和远期销售额同等看待，而未能充分反映服装市场需求变化的最新趋势。因此，在服装市场变化较大、数据变动明显时，预测的准确度就低。当然，这里的预测数据可以是销售额，也可以是价格、供应量、销售量或其他市场变量。

（2）加权算术平均法。简单算术平均法将各期预测值等同看待，但实际上近期观测值含有很多的时间序列变化趋势的信息，而远期的则较少，这样，简单算术平均法就很难做到准确预测，所以就需要引进加权算术平均法。加权算术平均法，是以预测变量预测期的加权算术平均数作为下期预测值的预测方法。给近期观测值较大的权数，给远期观测值以较小的权数，其计算公式为：

$$\overline{X}_{n+1}=\overline{X}=\frac{X_1W_1+X_2W_2+\cdots+X_nW_n}{W_1+W_2+\cdots+W_n}=\frac{\sum_{i=1}^{n}X_iW_i}{\sum_{i=1}^{n}W_i}(i=1,2,3,\cdots,n) \quad (8\text{-}2)$$

式中 $\overline{X}$——加权算术平均数；

$\overline{X}_{n+1}$——第 $n+1$ 期的预测值；

X_i——该期内的时间序列中的各值；

W_i——与 X_i 相应的权数；

i——顺序号。

例 2 根据例 1 资料，用加权算术平均法预测。

解： 首先以 1～3 月份的加权算术平均数作为 4 月份的预测值，权数依次取 1、2、3 时，4 月份的销售额预测值为，由式(8-2) 得

$$\frac{120\times1+140\times2+110\times3}{1+2+3}=121.7\text{（万元）}$$

运用加权算术平均法准确预测的关键是权数的确定，但是，权数的确定却没有规则可循。通常要凭借预测者的经验来判断主观确定。一般来说，若历史资料变动较大，则应进一步加大近期观测值的权数，以抵消历史资料大幅度变动对预测结果的影响，如可由远至近采用等比数列（如 1，2，4，8，16，…）为权数。当历史资料变动幅度较小，则权数不必相差太大，如可由远至近采用等差数列（1，2，3，…，n）为权数。当历史资料呈现的倾向变化时，采用加权算术平均法仍会出现滞后偏差，造成较大的误差。

2. 移动平均法

(1) 算术移动平均法。算术移动平均法是把过去若干时期（如 n 期）对预测值影响显著的实际销售额相加，求得平均值，作为第 $t+1$ 期的预测值；在预测下一期时，去掉最前一期的数据，补上最近一期的实际量，向前移动一期求得平均值，作为下一期的预测值。其计算公式为：

$$\hat{X}_{t+1}=\overline{X}_t^{(1)}=\frac{x_t+x_{t-1}+\cdots+x_{t-n+1}}{n}=\frac{1}{n}\sum_{i=t-n+1}^{t}x_i(t=n,n+1,\cdots,N) \tag{8-3}$$

式中 $\overline{X}_t^{(1)}$——第 t 期的移动平均数；

$\hat{X}_{t+1}$——第 $t+1$ 期预测值；

$x_t,x_{t-1},\cdots,x_{t-n+1}$——序列第 t，$t-1$，…，$t-n+1$ 期的观测值；

n——移动期数；

N——序列中的数据个数（样本容量）。

例 3 根据例 1 资料，用前 3 个月预测 4 月份的销售额为 123.3 万元，4 月份实际销售额为 123.5 万元，移动期数 $n=3$，试预测 5 月份的销售额。

解： 按式(8-3) 计算得

$$\frac{123.5+110+140}{3}=124.5\text{（万元）}$$

如果要预测 6 月份的销售额，则用 5 月、4 月、3 月份的数据。

移动平均法中的移动期数（在本例中是 3）可根据历史资料的具体情况而定，既要包括足够的期数以抵消随机波动的影响，但又不能太多，否则会产生与算术平均法同样的问题。

（2）加权移动平均法。简单移动平均法虽然有利于消除干扰，揭示长期趋势，但它将各期观测值等同看待不够合理，这就类似于上面介绍的算术平均法，所以有必要引进加权移动平均法。

加权移动平均法，就是对各组数据加权求移动平均数进行预测的方法。其计算公式为：

$$\hat{X}_{t+1}^{(1)}=\frac{X_tW_t+X_{t-1}W_{t-1}+\cdots+X_{t-n+1}W_{t-n+1}}{W_t+W_{t-1}+W_{t-n+1}}=\frac{\sum_{i=t-n+1}^{t}X_iW_i}{\sum_{i=t-n+1}^{t}W_i}(t=n,n+1,\cdots,N) \tag{8-4}$$

其中，W_i 是权数，是根据时间序列的具体情况，凭经验，按近期大、远期小原则而设计。例如，当 $n=3$ 时，可如此设计权数：

t	3/6	0.5	0.4	0.6
$t-1$	2/6	0.3	0.3	0.3
$t-2$	1/6	0.2	0.3	0.1

无论怎样设计权数，都要使其尽量符合实际——影响力大的数据具有大的权数，并保证权数之和为 1。

在应用平均法时，需先取得历史数据，然后用式(8-1)、式(8-2)、式(8-3) 或式(8-4) 来计算未来时期的预测值；应用移动平均法时，则还需要确定移动期数；应用加权移动平均法时，则需进一步确定权数。

8.1.2　服装市场指数平滑法

服装市场指数平滑法，也称指数移动平均法，它是移动平均法的发展。指数平滑法分为一次指数平滑法和多次指数平滑法。多次指数平滑法是二次及二次以上的指数平滑法，其基本原理与二次指数平滑法相同。这里只介绍一次指数平滑法和二次指数平滑法。

1. 一次指数平滑法

一次指数平滑法，是以预测变量的本期实际值和本期的预测值为基数，分别给两者以不同的权数，计算出指数平滑值，作为下期预测值的一种预测方法。其预测公式为：

$$S_t^{(1)}=\alpha X_t+(1-\alpha)S_{t-1}^{(1)} \tag{8-5}$$

式中　$S_t^{(1)}$——第 t 期一次指数平滑值；

X_t——第 t 期实际值；

$S_{t-1}^{(1)}$——第 $t-1$ 期一次指数平滑值；

α——平滑系数，也称修正系数，其取值范围为 $0\leqslant\alpha\leqslant1$。

例 4　豪威服装公司 2018 年第一季度的销售额为 2600 万元，预测值为 2800 万元，试用一次指数平滑法预测 2018 年第二季度的销售额。

解：按式(8-5) 得，第二季度的销售额为

当 $\alpha=0.1$ 时，$0.1\times2600+(1-0.1)\times2800=2780$（万元）

当 $\alpha=0.3$ 时，$0.3\times2600+(1-0.3)\times2800=2740$（万元）

当 $\alpha=0.5$ 时，$0.5\times2600+(1-0.5)\times2800=2700$（万元）

当 $\alpha=0.9$ 时，$0.9\times2600+(1-0.9)\times2800=2620$（万元）

由此可见，由于平滑系数取值不同，所得预测值也有所不同。一次指数平滑法一般适用于受不规则变动影响，而没有稳定的发展趋势的时间序列。用于有明显的上升或下降趋势的时间序列预测就不够准确，需要采用二次指数平滑法，把趋势的影响考虑进去。因此，一般不直接采用一次指数平滑法进行预测，而是在此基础上，再进行一次指数平滑，求得平滑系数，建立起预测模型，再进行预测。

2. 二次指数平滑法

二次指数平滑法，是对一次指数平滑系列再进行一次指数平滑，以求得二次指数平滑值，然后利用它们之间的滞后偏差规律，建立线性模型，对有明显上升或下降趋势的时间序列进行预测的方法。

二次指数平滑值的计算公式为：

$$S_t^{(2)}=\alpha S_t^{(1)}+(1-\alpha)S_{t-1}^{(2)} \tag{8-6}$$

式中，$S_t^{(2)}$ 和 $S_{t-1}^{(2)}$ 分别为第 t 期和第 $t-1$ 期的二次指数平滑值。

其他符号的含义与式(8-5) 同。

由于时间序列数据具有线性趋势，故设线性预测方程为：

$$\hat{Y}_{t+T}=a_t+b_tT \tag{8-7}$$

式中　$\hat{Y}_{t+T}$——第 $t+T$ 期的预测值；

a_t，b_t——参数；

T——所需预测的超前期数。

参数 a_t，b_t 的计算公式为：

$$\begin{cases} a_t = 2S_t^{(1)} - S_t^{(2)} & (8\text{-}8) \\ b_t = \dfrac{\alpha}{1-\alpha}[S_t^{(1)} - S_t^{(2)}] & (8\text{-}9) \end{cases}$$

例 5　豪森服装公司服装产品库存量变化见表 8-1，令 $a=0.2$，按上述公式计算各有关数据。试预测第 25 期的库存余量。

表 8-1　用二次指数平滑法预测库存量

1	2	3	4	5	6	7
时期 N/期	库存余量 /万件	一次指数平滑值 $S_t^{(1)}$/万件	一次指数平滑值 $S_t^{(2)}$/万件	a 值	b 值	预测值＝$a+bT(T=1)$/万件
1	143	143.000	143.000			
2	152	144.800	143.360	146.240	0.36000	
3	161	148.040	144.296	151.784	0.93600	147
4	139	146.232	144.683	147.781	0.38720	153
5	137	144.386	144.624	144.147	0.00595	148
6	174	150.308	145.761	154.856	1.13696	144
7	142	148.647	146.338	159.956	0.57724	156
8	141	147.177	146.494	147.741	0.15592	151
9	162	150.694	147.214	152.974	0.72004	148
10	180	156.075	148.986	163.164	1.77228	154
11	164	157.660	150.721	164.599	1.73482	165
12	171	160.328	152.642	168.014	1.92145	166
13	206	169.462	156.006	182.919	3.36404	170
14	193	174.170	159.639	188.701	3.63274	186
15	207	180.736	163.858	197.613	4.21938	193
16	218	188.189	168.724	207.653	4.86607	202
17	229	196.351	174.250	218.452	5.52531	212
18	225	202.081	179.816	224.346	5.56621	214
19	204	202.465	184.346	220.584	4.52973	230
20	227	207.372	188.951	225.792	4.60519	225
21	223	210.497	193.260	227.735	4.30930	231
22	242	216.798	197.968	235.628	4.70754	232
23	239	221.238	202.622	239.855	4.65411	241
24	266	230.191	208.136	252.246	5.51377	245
25						258

解：先计算参数 a_{24}、a_{25}，按式(8-8) 和式(8-9) 得

$$a_{24}=2\times230.191-208.136=252.246$$

$$b_{24}=\frac{0.2}{1-0.2}\times(230.191-208.136)\approx5.5138$$

所以，按式(8-7) 得，第 25 期的预测值为：

$$\hat{Y}_{25}=252.246+5.5138\times1=258\text{（万件）}$$

如果预测第 30 期的库存余量，则

$$\hat{Y}_{30}=252.246+5.5138\times6=285\text{（万件）}$$

一般来说，二次指数平滑法比一次指数平滑法效果更好，而且二次指数平滑法不仅像一次指数平滑法那样能处理短期模式，而且能处理长期线性趋势模式的时间序列。

8.1.3 服装市场线性趋势外推法

服装市场线性趋势外推法，是指对具有线性变化趋势的时间序列拟合出直线方程，并进行预测的方法。

在应用这种方法时，首先要判断时间序列是否具有线性变化趋势，然后建立直线方程：

$$\hat{Y}_t=a+bt \tag{8-10}$$

式中 $\hat{Y}_t$——第 t 期的面测值或拟合值；

a，b——方程的参数（a 是截距，b 是斜率）；

t——时序数。

关键是估计出 a 和 b，估计的方法有二次指数平滑法、半平均值法和最小二乘法。

1. 半平均值法

半平均值法，就是把时间序列分成两部分，分别代入方程 $\hat{Y}_t=a+bt$，然后两组方程分别相加，得到两个方程，解方程组可算出参数 a、b 的值。

例 6 南云服装厂历年男衬衣销售资料见表 8-2。试用线性趋势外推法预测 2019 年、2020 年的销售量。

表 8-2 南云服装厂历年男衬衣销售量 单位：万件

年份	销售量 Y	t	tY	备注
2013	12108	−5	−60540	
2014	13779	−3	−41337	

续表

年份	销售量 Y	t	tY	备注
2015	14593	−1	−14593	
2016	19800	+1	19800	
2017	21430	+3	64290	
2018	24535	+5	122675	

解：先用半平均值法求出直线方程的参数，以2013～2015年为一组，2016～2018年为另一组，得到如下两组方程组

第一组：$12108=a+b\times(-5)$

$13779=a+b\times(-3)$

$14593=a+b\times(-1)$

第二组：$19800=a+b\times1$

$21430=a+b\times3$

$24535=a+b\times5$

把第一组和第二组三个方程分别相加得：

$$\begin{cases}40480=3a+(-9)b\\65765=3a+9b\end{cases}$$

解方程组得：

$$\begin{cases}a=17707.5\\b=1404.8\end{cases}$$

故得线性趋势方程：$\hat{Y}_t=17707.5+1404.8t$

所以，2019年、2020年的预测销售量为：

$$\hat{Y}_{2019}=17707.5+1404.8\times7=27541\text{（件）}$$

$$\hat{Y}_{2020}=17707.5+1404.8\times9=30351\text{（件）}$$

2. 最小二乘法

用半平均值法建立的直线不一定是最精确的。因为在时间序列分组时，没有明确如何对半分，故可以有各种分法，求出不同的参数值。要判定哪一个最精确，则需要进行繁杂的计算。但最小二乘法可确保得出的直线方程是最佳的。

最小二乘法是寻找参数 a、b 值，使方程 $\hat{Y}_t=a+bt$ 的拟合值 $\hat{Y}_t$ 与其实际观察值 Y_t 的偏差最小的方法。

对时间序列参数，只要适当选取 t 的值，a、b 可用下式计算：

$$\begin{cases} a=\dfrac{\sum Y_T}{n}=\overline{Y} & (8\text{-}11) \\ b=\dfrac{\sum t_i Y_i}{\sum t_i^2} & (8\text{-}12) \end{cases}$$

选取 t 值要分两种情况：当观察值个数 n 是奇数时，令中间这个观察值的 $t=0$，两边分别取±1，±2，…即可；如果 n 是偶数，则上下对半分，各观察值的 t 值分别取±1，±3，±5，…即可（表 8-2）。

例 7　以表 8-2 数据为例，用最小二乘法重新预测例 6 中南云服装厂 2019 年的销售量。

解：

$$a=\frac{12108+13779+\cdots+24535}{6}=17707.5$$

$$b=\frac{(-60540)+(-41337)+\cdots+122675}{(25+9+1)\times 2}=1290$$

所以，线性方程为：$\hat{Y}_t=17707.5+1290t$

故 2019 年的预测销售量为：

$$\hat{Y}_{2019}=17707.5+1290\times 7=26738\text{（件）}$$

8.1.4　服装市场季节指数法

服装商品的生产和销售活动呈现出有规律的周期性变动，这是在一年中常见的现象。这种变动叫作季节变动，通常以 12 个月或 4 个季度为一周期。服装市场季节指数法，就是以服装市场的循环周期（一年或一季）为跨越期求得移动平均值，并在移动平均值的基础上求得季节指数，然后以最后一个移动平均值、趋势增长值和季节指数为依据，对服装市场未来的发展趋势做出量的预测的方法。

服装市场季节指数法，通常用于具有季节性波动的预测。服装产品的市场需求呈明显的季节性波动，有明显的淡季、旺季之分，而且，这种波动是有规律地变化的。表示季节变化对销售量影响的一种比较方便的方法，就是计算各个季节的不同销售指数。

例 8　滨江市涤棉府绸的销售量三年内各个季节的销售资料见表 8-3。试计算各年各季的季节指数。

解：从表 8-3 中可以看出，涤棉府绸的销售量淡季和旺季相差一倍左右，若用移动平均法预测某个季节的服装市场需要量，那么，就不可能符合实际情况，因此，可以用季节指数法进行预测。计算公式为：

$$某年各季平均需要量=\frac{当年市场销售量}{4} \quad (8\text{-}13)$$

$$某季市场需要量的季节指数=\frac{当季的市场销售量}{当年各季平均销售量}\times 100\% \quad (8\text{-}14)$$

$$某季预测需要量=\frac{年需要量}{4}\times 平均季节指数 \quad (8\text{-}15)$$

表 8-3 2016～2018 年滨江市涤棉府绸季销售量情况 单位：万米

季度 \ 销售量 \ 年份	2016 年	2017 年	2018 年	合计
春季(1～3 月份)	228	224	258	710
夏季(4～6 月份)	348	344	400	1092
秋季(7～9 月份)	428	468	472	1368
冬季(10～12 月份)	260	292	262	814
年总需要量	1264	1328	1392	3984

所以，由式(8-13) 和式(8-14) 得，2016 年春季的季节指数为：

$$228\div\frac{1264}{4}\times 100\%=72.15\%$$

依此类推，分别计算出各年各季的指数，填入表 8-4 中。

表 8-4 2016～2018 年各季的季节指数 单位：%

季度 \ 季节指数 \ 年份	2016 年	2017 年	2018 年	平均季节指数
春季(1～3 月份)	72.15	67.47	74.14	71
夏季(4～6 月份)	110.13	103.61	114.94	110
秋季(7～9 月份)	135.44	140.96	135.63	137
冬季(10～12 月份)	82.28	87.95	75.29	82

例 9 根据例 8 的资料，现预计 2019 年全年市场对涤棉府绸需要量是 1456 万米，各季节的市场需要量是多少？

解： 根据表 8-4 平均季节指数，可得 2019 年

春季需要量：$\frac{1456}{4}\times 71\%=258$（万米）

夏季需要量：$\frac{1456}{4}\times 110\%=400$（万米）

秋季需要量：$\frac{1456}{4}\times 137\%=499$（万米）

冬季需要量：$\frac{1456}{4}\times82\%=299$（万米）

8.2 服装市场因果分析预测法

在服装市场预测的定量方法中，服装市场因果分析预测法是与服装市场时间序列预测法不同的另一类预测方法。时间序列预测法侧重从时间轴来考虑预测对象的变化和发展，时间序列发展数学模型一般都是时间的函数。而因果分析预测法是一类从分析事物变化的因果联系入手，通过统计分析和建立数学模型提示，预测目标与其他有关的经济变量之间的数量变化关系，据此进行预测的方法，即把其他相关因素的变化看成“因”，把预测对象的变化看成“果”，建立因果之间的数学模型，并根据相关因素的变化，推断预测对象的变动趋势的方法。

服装市场因果分析预测法在预测时也需要历史数据，但是，它与时间序列预测法是有根本性区别的。主要是时间序列预测法只用预测变量的历史数据，不做因果分析，并假定现在的趋势会延续到未来。而因果分析预测法需要预测变量和影响变量的历史数据，并在预测时首先通过其他途径获得影响变量的未来值，然后再求得预测值。

常用的服装市场因果分析预测方法有：服装市场回归分析法、投入产出法、经济计量模型等，此外还有市场因子推演法、比例系数法等。这里仅对回归分析法和市场因子推演法进行介绍。

8.2.1 服装市场回归分析预测法

服装市场同归分析预测法，是把事物之间存在的因果关系加以模型化，建立同归预测模型进行预测的一种方法。例如，居民货币收入增加，就要影响到消费品需求增加；服装产品量增加，就能降低单位的成本等。这种因果关系往往无法用精确的数学关系来描述，只有通过对大量的历史数据进行统计处理，才能找出它们之间的关系和规律。

实际资料的分析可以粗略了解它们之间的影响关系，回归分析则明确地把这种关系表达出来。如果预测变量的影响因素是一个，这样的回归称为一元回归；如果影响因素有两个或多个，则称为多元回归。根据预测变量与影响变量的关系，可分为线性回归和非线性回归。非线性回归一般转化为线性形式后再进行回归分析。

1. 线性回归预测法

(1) 一元线性回归预测法。一元线性回归预测法，是指两个具有线性关系的变量，配合线性回归模型，根据自变量的变动来预测因变量平均发展趋势的方法。它所反映的是一个自变量对因变量的线性影响关系，因而称之为一元线性回归，亦称简单回归，是回归预测中最基本、最简单的预测方法，也是掌握其他回归预测方法的基础。

一元线性回归预测法的原理和步骤如下。

① 分析影响预测对象的有关因素，选定自变量。预测对象确定后，首先要根据经济理论和实践经验，找出影响预测对象的各种因素及其影响方向和程度，这要靠调查来完成。在分析时，要弄清哪些因素是基本的，起决定作用的；哪些因素虽不是主要的，但对预测对象确有影响；哪些因素则影响很小，可以忽略不计等。如果某些因素的影响程度难以把握，可以暂时保留，因为回归分析法本身有判别变量影响大小的方法。当然，利用一元线性回归预测时，必须在许多因素中找出一个决定性的因素，作为自变量。如果回归效果不显著，则可以增加变量。如果一开始就发现有多个变量对预测对象的影响程度同等重要，则应选择多元回归方法。

② 选择合适的回归模型，建立回归方程。自变量确定后，可以根据自变量与因变量的统计数据资料，分析两者的关系。假定只有一个自变量的情况，其分析方法是：把自变量 x 与因变量 y 的统计数据画在直角坐标系中，观察这些点 (x, y) 的分布情况，该图通常称为散布图。如果这些点近似地成一直线，就可以做线性回归。

另一种方法是分析变量 x 和 y 的线性相关性，通过计算相关系数：

$$r=\frac{\sum_{i=1}^{n}(x_i-\bar{x})(y_i-\bar{y})}{\sqrt{\sum_{i=1}^{n}(x_i-\bar{x})^2}\sqrt{\sum_{i=1}^{n}(y_i-\bar{y})^2}} \tag{8-16}$$

$$\bar{x}=\frac{\sum x_i}{n}$$

$$\bar{y}=\frac{\sum y_i}{n}$$

式中，r 为线性相关系数。

相关系数 r 的绝对值 $|r|\leqslant 1$，当 r 接近于 1 时，说明 x 与 y 的线性相关性强，采用线性方程回归预测的结果好；如果绝对值 $|r|$ 接近于 0，则说明 x 与 y 的线性

相关性弱，不宜用线性回归来做预测。所以，根据相关系数的绝对值$|r|$的大小，可判断能否采用线性回归预测法。

其次，建立回归方程并求出模型的参数。直线回归方程的一般形式为：

$$\hat{y}=a+bx \tag{8-17}$$

回归分析法中，参数 a、b 用最小二乘法求得，也就是说 a、b 必须满足使偏差平方和最小。根据微积分中的极值原理，可解得 a 和 b 的计算公式为：

$$a=\hat{y}-bx \tag{8-18}$$

$$b=\frac{\sum x_i y_i-\frac{1}{n}\sum y_i \cdot \sum x_i}{\sum x_i^2-\frac{1}{n}(\sum x_i)^2} \tag{8-19}$$

式中各变量的含义与计算 r 值的公式相同。得到了回归方程的参数，即意味着预测的数学模型建立起来了。

③ 检验回归方程的有效性。一是回归方程的准确性；二是方程参数的显著性。回归方程的准确性是指利用回归模型 $y=a+bx$，能在多大程度上解释以往观察值的变化情况。回归方程参数的显著性是指回归系数 a 和 b 是否显著的不等于零，通常用 t-检验来判定。

对方程总体效果，即准确性的判断，一般可用相关系数的平方来检验。r^2 称为方程有效性的判定系数。

$$r^2=\frac{\left[\sum_{i=1}^{n}(x_i-\bar{x})(y_i-\bar{y})\right]^2}{\sum_{i=1}^{n}(x_i-\bar{x})^2\sum_{i=1}^{n}(y_i-\hat{y})^2} \tag{8-20}$$

式(8-20) 通过一定的变换可转化为下式：

$$r^2=\frac{\sum_{i=1}^{n}(\hat{y}_i-\bar{y})^2}{\sum_{i=1}^{n}(y_i-\bar{y})^2} \tag{8-21}$$

其中，$\hat{y}_i$ 为利用回归方程$\hat{y}=a+bx$ 得到的第 i 个值。

式(8-21) 用文字表达就是：判定系数等于用回归方程解释的离差占总离差的比例。这个比例越高，说明回归效果越好。不过，对回归总效果更加科学和精确的判定方法是用 F-统计量，这里不做介绍了。

也可以直接用$|r|$来判别。为了保证回归方程具有最低程度的线性关系，要求

r 的计算值大于相应的最低临界值 r_a，这个临界值 r_a，就是相关检验的标准，可直接从“相关系数 r 检验表”（见“数学用表”）查出，表中给出了对不同 n（注意表中第 n 列的数字是 $n-2$），在两种显著性水平 a（0.05 及 0.01）相关系数达到显著的最小值。例如，当取 $n=11$，即 $n-2=9$，若 $|r|\geqslant 0.602$，我们就说 r 在 $=0.05$ 的水平上显著，线性关系明显。若 $|r|<0.602$，则不显著，x 与 y 之间的线性关系不明显，此时称 x 与 y 无线性相关，在此情形下回归直线没有什么意义。这时要重新选择自变量或增加自变量，建立新的回归模型。

④ 根据模型进行预测。如果通过检验认为回归方程效果显著，则说明模型有效。然后，根据自变量取值，代入模型即可得到预测值。

例 10 通过对表 8-5 的分析看出，某西服百户拥有量（普及率）与人均月收入之间，存在着相关关系，且呈线性相关。由于西服普及率的变化只与居民月收入这个因素有关，所以，它们两个事物之间的关系属于一元线性回归。

表 8-5 某西服普及率与人均月收入表

序号	1	2	3	4	5	6	7	8	9	10
西服普及率 y_i	4.8	5.7	7.0	8.3	10.4	12.4	13.1	13.6	15.3	…
人均月收入 x	150	180	240	300	350	390	440	480	500	…

解： a. 设反映它们之间关系的线性方程为：

$$\hat{y}=a+bx$$

其中，$\hat{y}$ 为西服的普及率及预测值；a、b 为方程系数；x 为居民月收入。

b. 现列表计算，如表 8-6 所示。

表 8-6 西服普及率预测计算表

数据号 n	人均月收入 x	西服普及率 y	x^2	y^2	xy
1	150	4.8	22500	23.04	720
2	180	5.7	32400	32.49	1026
3	240	7.0	57600	49.00	1680
4	300	8.3	90000	68.89	2490
5	350	10.4	122500	108.16	3640
6	390	12.4	152100	153.76	4836
7	440	13.1	193600	171.61	5764
8	480	13.6	230400	184.96	6528
9	500	15.3	250000	234.09	7650
汇总	3030	90.6	1151100	1026	34334

由式(8-18) 和式(8-19) 得：

$$b=\frac{n\sum xy-\sum y\sum x}{n\sum x^2-(\sum x)^2}=\frac{9\times 34334-3030\times 90.6}{9\times 1151100-(3030)^2}=0.029$$

$$a=\bar{y}-b\bar{x}=\frac{\sum y-b\sum x}{n}=\frac{90.6-0.029\times 3030}{9}=0.303$$

于是有一元线性回归方程 $\hat{y}=0.303+0.029x$，从公式中可以看到，居民人均月收入每增加 1 元，则西服的普及率可增加 0.029 件。

c. 判断与计算线性方程 $\hat{y}=0.303+0.029x$ 的相关性，由式(8-20) 得到：

$$r=\frac{n\sum xy-\sum x\sum y}{\sqrt{[n\sum x^2-(\sum x)^2][n\sum y^2-(\sum y)^2]}}$$

$$=\frac{9\times 34334-3030\times 90.6}{\sqrt{[9\times 1151100-(3030)^2][9\times 1036-(90.6)^2]}}$$

$$=0.95$$

通过查克拉桑相关系数等级表（表 8-7），可见每百户拥有西服件数与居民月收入之间有着最高级别的强相关关系，所以，可用上述公式进行预测。

表 8-7 克拉桑相关系数等级表

相关强度等级	最低级	低级	中级	高级	最高级
r	0～0.25	0.26～0.40	0.41～0.55	0.56～0.70	0.71～1.00

d. 预测当人均月收入达到 1300 元、2000 元时，西服的普及率有多少？

当 $x=1300$ 元时，$\hat{y}=a+bx=0.303+0.029\times 1300=38.0$（件/百户）

当 $x=2000$ 元时，$\hat{y}=a+bx=0.303+0.029\times 2000=58.3$（件/百户）

（2）多元线性回归预测法

在实际的服装市场预测中，服装产品销售变化或者是一个因变量的变化，往往是受多种因素影响的结果，即是受多个自变量作用的结果。如果各个影响因素与因变量之间的相关关系可以同时用近似的线性表示，这时，则可以建立多元线性回归模型来进行分析和预测。多元是指两个以上自变量对因变量的影响。多元线性回归方程，是用来表示一个因变量与多个自变量之间相关关系及其变动规律性的一种数学模型。

多元线性回归的基本方程式是：

$$\hat{y}=a+b_1x_1+b_2x_2+\cdots+b_nx_n$$

式中 $\hat{y}$——因变量，预测值；

a——多元线性方程在 y 轴上的截距；

b_1，b_2，…，b_n——自变数；

x_1，x_2，…，x_n——自变量。

多元线性回归预测法与一元线性回归预测法的原理基本相同。由于多元线性，回归预测法繁杂，必须借助计算机计算，这里从略。

2. 非线性回归预测法

（1）一元非线性回归预测法。在服装市场预测中，预测变量与某个相关因素之间的数量关系也可能是非线性的，这就需要建立合适的一元非线性回归方程进行预测。建立一元非线性回归方程的步骤和方法与一元线性回归预测法基本相同。唯一的区别是必须把非线性的转化为线性的，然后再求出各参数。常用的一元非线性模型如下。

① 双曲线型

$$\frac{1}{y}=a+\frac{b}{x}$$

令 $y'=\frac{1}{y}$，$x'=\frac{1}{x}$，则有 $y'=a+bx'$

② 幂函数型

$$y=ax^b$$

令 $y'=\lg y$，$x'=\lg x$，$a'=\lg a$，则有 $y'=a'+bx'$

③ 指数函数型

a. $y=ae^{bx}$

令 $y'=\ln y$，$a'=\ln a$，则有 $y'=a'+bx$

b. 令 $y=ae^{\frac{b}{x}}$

令 $y'=\ln y$，$x'=\frac{1}{x}$，$a'=\ln a$，则有 $y'=a'+bx'$

④ 对数曲线型

$$y=a+b\lg x$$

$x'=\lg x$，则有 $y=a+bx'$

⑤ S 曲线型

$$y=\frac{1}{a+be^{-x}}$$

令 $y'=\frac{1}{y}$，$x'=e^{-x}$，则有：$y'=a+bx'$

（2）多元非线性回归预测法。对于一些多元非线性关系的预测，可以建立多元非线性模型。一些多元非线性模型可转化为多元线性回归问题，如典型的柯布-道格拉斯生产函数：

$$G=A\cdot L^{\alpha}\cdot I^{\beta}$$

式中 A，α，β——系数；

G——国民收入；

L——劳动力数量；

I——投资。

通过对上式两边取对数，即可转化为线性形式，这里不做详细讨论。

8.2.2 服装市场因子推演预测法

服装市场因子推演预测法，是通过分析服装市场因子来推算服装市场潜量的一种方法。所谓服装市场潜量，是指在某种市场营销环境下，服装企业尽最大努力进行营销之后，服装市场需求所达到的最大数额。服装企业销售只是服装市场需求量中某服装企业所实现的部分。这就是说，某服装企业的销售决定于服装市场潜量实现的比率和服装企业的市场占有率。

所谓市场因子，则是服装市场中存在的能引起对某种服装产品需要的实际事物。例如，一定时期适龄青年结婚数量即是婚纱的市场因子；学龄儿童增加是校服的一个市场因子等。市场因子通常取决于产品使用者的人口数量和支付能力以及购买欲望，这就要求对用户的情况做深入的分析。分析时，要把产品的使用者与产品的购买者区别开来。在购买活动中，家庭各成员或有关人员对购买决策的影响力，是个非常微妙的问题。有时候，购买一件商品的决定者似乎是男人，但有时也许是他的妻子或孩子。在家庭成员中，某件商品的实际购买者，可能是该商品的使用者，也可能是其他成员。例如，购买男衬衫，虽然购买者往往是妇女，但男衬衫的市场潜量则取决于男性的数量。此外，还要了解可能引起用户实际购买数量变化的原因，如结婚率影响购买服装、家具、电器的数量，人口出生率影响购买婴儿服装及用品的数量等。

例 11 云海市小燕子童装公司通过对历年的统计资料分析，出生 10000 名婴儿，能卖出婴儿套装 5100 套。本年度全市人口 580 万人，人口出生率为 1.2%，预测下年度婴儿套装的需要量（假如该市仅有一家婴儿童装生产企业，若有多家，则应测算企业的市场占有率）。

解：

下年度婴儿套装市场需求潜量＝下年度婴儿出生数目×婴儿套装购买率

$$=5800000\times1.2\%\times\frac{5100}{10000}=35496\text{（套）}$$

所以，下年度该市对婴儿套装的需求潜量为 35496 套。

服装市场因子推演法适用于在服装市场因子变化无常的情况下进行预测。其优点是简易明了，省时省费用。

8.3　本章小结

（1）服装市场时间序列分析预测法，是以连续性原理为依据，以假设事物过去和现在的发展趋势会延续到未来为前提，从预测对象的历史资料所组成的时间序列中，找出事物发展趋势，并用其趋势延伸，来推断未来状况的一种预测方法。

（2）服装市场平均法是通过对历史数据的分析，消除时间序列的随机波动和季节波动，寻找时间序列的基本趋势所进行的预测方法，主要包括简单平均法和移动平均法两种。简单平均法又可分为简单算术平均法和加权算术平均法两种；移动平均法又可分算术移动平均法和加权移动平均法两种。

（3）服装市场指数平滑法是移动平均法的发展。指数平滑法分为一次指数平滑法和多次指数平滑法。多次指数平滑法是二次及二次以上的指数平滑法，其基本原理与二次指数平滑法相同。

（4）服装市场线性趋势外推法是指对具有线性变化趋势的时间序列拟合出直线方程，并进行预测的方法。

（5）服装市场季节指数法是以服装市场的循环周期（一年或一季）为跨越期求得移动平均值，并在移动平均值的基础上求得季节指数，然后以最后一个移动平均值、趋势增长值和季节指数为依据，对服装市场未来的发展趋势做出量的预测的方法。服装市场季节指数法，通常用于具有季节性波动的预测。

（6）服装市场因果分析预测法是一类从分析事物变化的因果联系入手，通过统计分析和建立数学模型提示，预测目标与其他有关的经济变量之间的数量变化关系，据此进行预测的方法，即把其他相关因素的变化看成“因”，把预测对象的变化看成“果”，建立因果之间的数学模型，并根据相关因素的变化，推断预测对象的变动趋势的方法。

（7）服装市场回归分析预测法是把事物之间存在的因果关系加以模型化，建立回归预测模型进行预测的一种方法。例如，居民货币收入增加，就要影响到消费品需求增加；服装产品量增加，就能降低单位的成本等。这种因果关系往往无法用精确的数学关系来描述，只有通过对大量的历史数据进行统计处理，才能找出它们之间的关系和规律。

（8）服装市场因子推演预测法是通过分析服装市场因子来推算服装市场潜量的一种方法。所谓服装市场潜量，是指在某种市场营销环境下，服装企业尽最大努力进行营销之后，服装市场需求所达到的最大数额。服装企业销售只是服装市场需求量中某服装企业所实现的部分。这就是说，某服装企业的销售决定于服装市场潜量实现的比率和服装企业的市场占有率。

第9章　服装市场调研与预测报告的撰写、沟通和评价

9.1　服装市场调研与预测报告概述

9.1.1　服装市场调研与预测报告撰写的意义与内容

1. 服装市场调研与预测报告撰写的意义

服装市场调研与预测报告是市场调研的最后一个步骤，是对整个调研项目完成情况的总结及评价。调研与预测报告的撰写出色与否直接关系到能否将前面所获得的劳动成果表现得淋漓尽致，客户对于调研过程中各方面的细节是不了解、不关心的，他们最重视的是调研结果能否带来大量信息，信息的真实性及准确性。因此，如果不高度重视调研与预测报告的撰写，前面所做的工作和努力，可能将前功尽弃，出现事倍功半的效果。出色的调研与预测报告不仅能表述调研与预测结果，还能在客户心中留下美好的印象，为客户了解市场情况、分析问题提供参考依据，指导和调整服装消费市场制定正确的决策，透过现象看本质，采取适当措施，谋求更大的利益。此外，服装市场调研与预测报告更真实完整地反映了整个调研工作，通过报告的描述表明调研结论的可信度和可靠度，给委托者接受调研结论与否提供自由判断的空间。

2. 服装市场调研与预测报告撰写的内容

服装市场调研与预测报告是对已完成的调研与预测项目的完整表述，目的是让读者了解整个调研与预测项目对认识及解决问题有什么意义，调研小组是如何展开研究的，取得了哪些成果，未来发展趋势如何等。所以通常情况下，服装市场调研与预测报告包含以下内容。

（1）调研/预测目的、方法、对象、时间、地点的说明。

（2）调研/预测对象基本情况描述。

（3）调研/预测问题所获材料、数据分析说明。

（4）得出调研/预测结论。

（5）提出建设性的意见和建议。

9.1.2 服装市场调研与预测报告的特点

服装市场调研与预测报告是对某项工作、某个对象、某个问题进行深入研究后，根据调研所搜集的材料和数据，经整理、分析、预测后，以书面形式反映客观事实、总结经验教训，为服装市场研究提供科学指导的一种报告。报告必须在叙述客观事实的基础上，提出鲜明的观点、明确的结论，并进行准确的市场预测。服装市场调研与预测报告有以下几个特点。

1. 真实性

服装市场调研与预测报告是为行业内企业经营决策提供依据、解决实际问题撰写的，因此，调研与预测报告的撰写必须反映客观事实，从确定调研对象、方法，到展开调研活动、分析调研结果、提出解决问题的途径，都必须拥有大量的确凿依据。报告的内容绝对真实才能经得起实践的检验，对服装行业发挥指导作用。

2. 针对性

服装市场调研与预测报告要根据调研目的明确报告内容和阅读者，相关调研工作都是有针对性地围绕某一问题展开研究的，因此，报告的内容在反映客观事实的基础上，要有针对性地表达本报告的立场观点，且不同的读者对象想要得到的信息不同，报告必须明确读者的关注点，采用正确的表达方式、语言技巧。

3. 逻辑性

服装市场调研与预测报告不能是对调研获得材料的机械堆砌，必须具有严密的逻辑性，探测事物发生变化的原因，预测事物发生变化的趋势，得出本质性、规律性、科学性的结论。

4. 时效性

服装市场调研与预测报告是为服装企业或机构进行决策提供服务的，由于受到调研人力、财力资源的限制，调研工作不可能无限制地进行，这就使得搜集到的材料只能集中在某一时间段，因此必须及时反馈，以最短的时间完成每个阶段的工作，从而获得最能反映当前问题的材料，否则，“时过境迁”就失去了指导意义。

5. 新颖性

服装作为一种快时尚产品，服装市场调研与预测报告应紧紧抓住市场动向，发现新的市场发展潜力及问题，提出新观点，形成新结论。只有问题、观点、结论新颖的报告才能被企业或机构使用，发挥其应用的指导价值。

6. 可行性

服装市场调研与预测报告最终是为服装企业或机构服务的，因此提出的观点、结论、对策建议必须切实可行才能被采纳，切忌笼统抽象，要既能反映客观事实，又能为企业或机构下一步营销活动提供切实可行的参考。

9.1.3　服装市场调研与预测报告的类型

服装市场调研与预测报告的类型可按多种标准进行分类。

1. 按报告内容分类

（1）情况调研报告。即比较系统地反映某地区服装消费者、某服装产品基本情况的一种调研报告。这种报告是一种探索性报告，目的是为了弄清楚情况，为决策者所使用。

（2）典型经验调研报告。即通过分析服装品牌等的成功案例，总结工作中的经验教训，从而指导、推动某方面工作的一种调研报告。如典型成分品牌“莱卡”的成功经验，为成分产品企业实施成分品牌战略提供了借鉴。

（3）问题调研报告。即针对服装品牌或产品发生变化的某一问题进行专题调研，找出产生问题的本质原因，并提出解决问题的对策建议，为服装企业或机构有效地解决问题提供依据。

2. 按报告形式分类

（1）口头报告。很多情况下，调研小组需要向委托方口头汇报调研结果，口头报告有助于委托方理解书面报告的内容，接纳书面报告，同时可以现场解答委托人提出的问题及质疑，为今后更好地合作打下基础。

（2）书面报告。书面报告具有一定的规范格式及结构内容。

服装市场调研/预测报告还可以按调研对象分为服装市场需求者调研报告（消费者调研报告）和服装供应商调研报告（生产中调研报告）；按调研频率分为临时性调研报告、长期性调研报告、阶段性调研报告等。

9.2 服装市场调研与预测报告的结构

服装市场调研与预测报告会因为调研目的、阅读者的不同而不同，在报告的具体内容、格式等方面没有固定的模式，但其形式大致相同。一份完整的调研与预测报告一般包括：调研与预测报告的扉页、调研与预测报告的目录、调研与预测报告的正文、调研与预测报告附件。

1. 调研与预测报告的扉页

调研与预测报告的扉页包括调研与预测报告的标题、委托方、调研方以及调研与预测报告的提交日期等内容。其中，调研与预测报告的标题是整个报告的点睛之笔，必须用简明扼要的文字表明调研对象及主要内容，调研与预测报告的标题可以由一个标题构成，也可以包括正标题和副标题，例如《关于××地区大学生服装消费习惯的调研》或者《高校大学生服装消费情况如何——××高校大学生服装消费习惯调研》。调研与预测报告的标题必须新颖独特、一目了然地出现在调研报告的扉页上。

2. 调研与预测报告的目录

目录应写明服装市场调研与预测各个部分的内容标题及其所在的页码，当调研与预测报告量过大时，目录能够帮助读者有效地查找到想获知的信息位置，方便有效地进行阅读。通过目录，可以对报告的结构有个清晰的了解。如有必要，还应包括图表目录，在服装市场调研与预测报告中详细列明所有图表及其页码；附件目录，在服装市场调研与预测报告中详细列明所有附件材料及其页码；证明材料目录，在服装市场调研与预测报告中详细列明所有证明材料及其页码。

案例：保暖内衣消费者市场调研与预测报告

目录

图表目录案例：××大学城大学生夏季服装性能需求调查

图目录

表目录

3. 调研与预测报告的正文

正文是服装市场调研与预测的核心部分，是指充分完整地按照调研内容展开叙述，包括提出问题、论证问题、得出结论、提出对策建议等整个过程，运用科学合理的调研方法，用文字、图标、数据等分析表述调研结果，并进行逻辑性的服装市场发展趋势预测。服装市场调研与预测正文包括以下部分。

（1）引言。引言主要说明调研问题的背景，并对此次服装市场调研的理论基础进行阐释。

（2）调研方案设计。首先，在展开服装市场调研之前要做好充分准备，对整个调研项目有个整体策划，调研方案设计是指对服装市场调研与预测调研工作进行详细叙述。识别研究问题及确定调研目的是服装市场调研过程的第一步，服装市场调研是为了探测企业在运营过程中的瓶颈问题、定位问题以及存在的优劣势问题、管理问题，只有确定了要研究的问题，才能进一步展开市场调研，找出问题存在的根本原因，从而对症下药。否则盲目进行生产销售，只会一步步被竞争对手所取代。纺织服装作为快销商品，及时获取市场信息，有针对性地开发新产品、完善基础产品是每个企业的必经之路。然而不同企业，调研目的也不尽一样，有服装消费市场调研，服装消费者满意度调研、服装消费习惯调研、服装流行趋势调研等。

其次，是服装市场调研与预测对象确定，包括要调研谁、调研样本量的结构与大小、如何抽样设计，并对调研地点、调研时间、调研工具、调研方法、调研问卷设计、调研资料整理方法、数据处理方法、调研进度安排、调研费用预算等进行详细设计。

例：服装市场调查进度安排表（表 9-1）。

表 9-1　服装市场调查进度安排表

服装市场调研进程	时间分配/%	备注
确定调研背景、调研目的	5	
调研方案设计	10	
二手资料收集	5	
一手资料调研	30	
数据整理、录入与分析	37	
调研报告撰写与修改	8	
调研结果汇报	5	

例：服装市场调研费用预算表（表 9-2）。

表 9-2　服装市场调研费用预算表

项目名称：

委托单位：　　　　委托时间：

支出项目	单价/元	数量	总额/元	备注
课题负责人劳务费				

续表

支出项目	单价/元	数量	总额/元	备注
调查人员劳务费				
高级研究人员劳务费/专家指导费				
设备购置费				
会议费				
调研差旅费				
图书资料/文献/知识产权事务费				
管理费				
受访者小礼品费				
其他杂项				
合计				

（3）调研结果处理及分析。调研结果处理及分析是正文的主要部分，也是服装市场调研与预测报告篇幅最长的部分。调研结果处理分析方法有很多，如描述性统计分析、线性回归分析、方差分析、主成分分析和典型相关分析、判别分析、聚类分析、Bayes统计分析等，常用的工具有Excel、SPSS社会科学统计软件、Amos软件和结构方程模型（SEM）、Origin等。调研结果表现方法可以是文字叙述、表格和图像等。

（4）调研与预测结论及对策建议。完整的服装市场调研与预测报告必须包含结论与对策建议部分，结论是对调研所获成果的总结，对策建议是针对调研结果提出切实可行的问题解决方法。

4. 调研与预测报告附件

附件是指正文中不包含的指导性文件，是附在正文后面，对正文的补充和详细说明。附件主要有调研问卷、数据统计汇总表、图表、参考文献等。附件的目的是证实调研过程及调研结果的真实性。

9.3 服装市场调研与预测结果的沟通

服装市场调研与预测结果的沟通是服装市场调研与预测者用口语、肢体语言、物质、文字等形式向委托者或报告使用者传递市场调研与预测结果的活动，沟通的本质在于分享意图和彼此理解。服装市场调查与预测结果的沟通能够使报告使用者更好地理解报告内容、使用报告信息；且通过沟通报告使用者可以向服装市场调研与预测者提出改进意见，提升他们调研与预测能力、水平。

服装市场调研与预测结果沟通包含书面沟通及口头陈述和演示两种形式。

1. 书面沟通

书面沟通一方面体现在服装市场调研与预测的书面报告；另一方面体现在报告定稿前，服装市场调研与预测者和委托者通过电子邮件、手机短信等方式，针对调研与预测各个环节的有关问题进行沟通交流。书面沟通要注意文字表述通俗易懂，简洁明了，突出重点。

2. 口头陈述和演示

口头陈述和演示更能直接明了地为委托人呈现调研结果。在口头陈述和演示前，陈述人应先做好充分准备，根据不同委托人的文化背景、兴趣爱好、对项目的关心程度确定陈述、演示内容。演示前应熟悉调研报告，列出调研结果提纲，反复练习，并熟练运用操作多媒体演示工具。在陈述过程中要口齿伶俐、图文并茂、生动形象。语言表达要清晰、富有逻辑性，并在陈述演示的过程中及时与听众沟通交流，当场解决委托者的疑惑。

9.4 市场调研与预测结果给使用者的指导

1. 为服装企业经营决策提供依据

服装作为快时尚产品，必须紧跟时尚潮流，对于服装企业来讲，行之有效的市场调研是企业掌握服装流行信息、消费需求信息，做好市场预测的基础。科学、真实的市场预测是企业制定经营决策的前提。正确的经营决策直接决定了企业的经营方向和目标，是企业占领市场并获得预期效果的前提。

2. 有助于服装企业开拓市场，开发新产品

服装属于个性化产品，不同消费者就有不同需求，且属于阶段性产品，每个季节、每个阶段都会有不同的流行元素，任何款式都不会在现有的市场上永远保持销售旺势。服装市场调研与预测可以让企业了解并预测下一阶段的流行趋势，以及不同文化层次、不同消费水平、不同性别、不同年龄、不同地区等消费者对服装产品的需求，从而按需供应，开发新产品，最大限度地满足市场需求，并实现盈利。

3. 有利于服装企业在竞争中占据有利地位

服装款式、面料、色彩的千变万化使得服装企业之间的竞争日益激烈，如何在激烈的竞争中立于不败之地是每个服装企业目前首要解决的难题。知己知彼方能百战不殆，服装市场调研与预测有助于企业摸清一个乃至多个竞争对手的经营现状，不论是竞争对手的产品优势，有效的经营手段、促销方式，未来发展意向，还是竞争对手的失败教训，都能为服装企业制定自己的经营决策提供借鉴。通过市场调研与预测，服装企业在制定经营决策时可以避开竞争，另辟新天地，抑或可以在原有产品基础上寻求进一步的改进方案，扬长避短，突出自身优势，或针对竞争对手的弱势，吸引消费者选择本企业服装。因此，服装市场调研与预测对服装企业在竞争中占据市场具有重大意义。

9.5　市场调研与预测结果的评价、反馈和完善

任何服装市场调研与预测都不可能做到完美无缺，调研结果都会存在一定的局限性，比如在调研过程中选样会存在一定误差，调研时会加入个人情感因素等，在完成整个调研与预测项目的最后，需通过讨论，正确评价调研结果，以便使用者能够清晰明了、有针对性地筛选所需内容。在对调研与预测结果进行评价时，必须实事求是，并正确反馈给委托人，任何夸大其词都可能会对调研结果的有效性产生负面影响。

9.6　本章小结

服装市场调研与预测报告是对整个市场调研与预测项目的总结与汇报，调研报告对客户了解市场现状，分析市场发展趋势，开拓市场、开发新产品，制定正确的经营决策具有重大的意义。服装市场调研与预测报告内容包括扉页、目录、正文和附件几个部分，正文主要是对调研项目的方案进行设计、调研结果进行处理分析，以及提出改进问题的对策建议。服装市场调研与预测报告完成以后需通过口头及书面陈述来表达给委托人，并对市场调研与预测结果进行正确的评价、反馈和完善。

案例分析

关于大学生职业设计的调查报告

一、导言

随着高校毕业生就业制度的改革和就业形势的变化，大学生就业难的问题日益突出。导致毕业生就业难的因素很多，除经济发展状况、就业环境、就业体制、人

事制度等外在的客观因素外，大学生个体的择业观念、职业设计、就业准备等因素也是导致就业难的重要原因。大学生的职业设计问题既包括对择业的偏好、意向、期望等观念的研究，也必然涉及就业准备、对就业有影响的因素等操作分析。为了实证性地研究大学生职业设计的问题，笔者于××××年6月在某大学对××届已确定工作单位的260位本科毕业生做了关于大学生职业设计的正式调查。

二、研究方案

1. 研究假设

首先，随着社会的进步，传统的“官本位”观念在大学生择业的过程中逐渐淡化。

其次，新一代大学生的个体意识逐渐加强，更加关注经济待遇和注重自我价值的实现，并且个体价值出现了多元化，并非一定要由经济待遇来体现。

最后，就业准备充分的大学生择业相对容易。性格、竞争的适应程度、大学期间的社会实践、职业设计理论的运用等因素对就业的准备都有较大的影响。

2. 调查方法

本次调查以某大学××届已确定工作单位的本科毕业生为调查对象，采用多段随机抽样方法选取样本。具体做法为：以各院系名单为抽样框，随机抽取14个院系，院系中若有多个专业则随机各抽取1个专业；最后以抽中的各班已确定工作单位的毕业生为抽样框，再各随机抽取10～30名毕业生。这样共抽取了14个院系、××届已确定工作单位的本科毕业生260名构成了本次调查的样本。实际发放问卷260份，回收有效问卷205份，有效回收率为78.84%；取置信度为95%；忽略前几个阶段的抽样误差，最后阶段的实际抽样误差为6.84%；统计分析使用SPSS12.0 For Windows软件包。

三、调查结果

（一）关于大学生职业设计的观念研究

1. 传统的“官本位”观念的影响及其根源分析

我国具有几千年的封建历史，“学而优则仕”的“官本位”观念在大学生中仍有一定的影响。从本次调查中对“您联系工作的第一选择”问题项的回答可窥豹一斑：51人首选政府机关，占24.9%；48人首选事业机关，占23.4%；46人首选外企，占22.4%；32人首选国有企业，占15.6%，12人首选民营企业，占5.9%。性别差异对择业第一选择的影响并不大。为了进一步研究“官本位”观念的存在根源，本次调查运用了“官本位”倾向指数（为李克特量表），包括“政府机关是就业首选”“寒窗十多年，就为一朝能当官”等问题，见表9-3。

表 9-3　“官本位”观念的存在根源及“官本位”倾向指数

问题	艾塔系数(Eta)	联合假设检验(F-test)	泊松检验(Person'sr)	显著性(Sig)
家人在农村生活过的人数			0.144①	0.040
父母的愿望	0.708	通过		
对政府人员社会地位的评价	0.670	通过		

① 相关性在 0.05 水平上显著（双尾）。

本次调查表明：家人（仅指父母、兄弟和姐妹）曾在农村生活过的人数与大学生的“官本位”倾向指数成正相关；父母希望子女去政府机关工作的愿望与大学生的“官本位”倾向指数的相关系数高达 0.708，高度相关，量化后作皮尔逊相关分析显示为正相关，并且都通过了 0.05 的显著性检验。这说明在 95%的置信水平上，家人曾在农村生活过的人数，尤其是父母的愿望成为“官本位”观念得以存在、传承的重要外在影响，从大学生的个人内部寻找原因，表 9-3 显示：大学生对政府人员社会地位的评价与其“官本位”倾向指数的相关系数高达 0.67，量化后作皮尔逊相关分析显示为正向中度相关，也通过了 0.05 的显著性检验。因此，在 95%的置信水平上，政府机关人员特殊的社会地位成为大学生“官本位”倾向的重要内在根源。

2. 大学生对经济待遇的看法及分析

新一代大学生一方面在受传统的“官本位”观念的辐射；另一方面也有其对经济待遇全新的看法。在对于问题项“我首先选择经济发达、生活水平高地区的单位”的回答中，不同意的仅 25 人，占 12.3%；中立的 39 人，占 19.1%；而同意的多达 140 人，占 68.6%。在对于问题项“如果单位待遇好，专业不对口并不重要”的回答中，不同意的 46 人，占 22.8%；中立的 65 人，占 32.2%；而同意的多达 91 人，占 45.1%。

为了进一步分析影响大学生对经济待遇看法的因素，本次调查运用了大学生经济待遇偏好指数（为李克特量表），包括“我首先选择经济发达、生活水平高地区的单位”“个人能力高低只能用收入来衡量”“收入高低最重要”等问题，见表 9-4。

表 9-4　影响大学生经济待遇观念的因素（经济待遇偏好指数）

问题	艾塔系数(Eta)	联合假设检验(F-test)	泊松检验(Person'sr)	显著性(Sig)
平均每月的总支出额			0.162①	0.022
专业适合从事经济工作	0.362	通过		

① 相关性在 0.05 水平上显著（双尾）。

本次调查表明：在95%的置信水平上，大学生平均每月的总支出额越高，择业时对经济待遇的要求也越高；大学生的专业越适合从事经济工作，择业时对经济待遇的期望也就越高。

3. 学生对自我价值和发展前途的理解及分析

为了统计分析大学生对自我价值、发展前途的看法，本次调查运用了大学生个人发展偏好指数（为李克特量表），包括“发展前途最重要”“个人价值不一定要通过收入体现”“如果在单位不能发挥我的才能，待遇好也留不住我”等问题，见表9-5。

表 9-5 与实现自我价值和发展前途相关的因素（个人发展偏好指数）

问题	艾塔系数(Eta)	联合假设检验(F-test)	泊松检验(Person'sr)	显著性(Sig)
所去工作单位的制度建设、职业设置情况	0.269	通过		
对所去单位的了解程度	0.353	通过		
对竞争的适应程度	0.663	通过		
就业准备程度			0.289①	0.000
待遇偏好指数			−0.196①	0.005

① 相关性在0.05水平上显著（双尾）。

本次调查表明：

（1）表9-5中待遇偏好指数与个人发展偏好指数负弱相关，通过了0.05的显著性检验，这说明在95%的置信水平上，大学生已具有了自我价值并非一定要由经济待遇体现的观念萌芽。本次调查中“您对用人单位最关注的因素”调查项更能说明这一点，在对限定单选的选择题“您对用人单位最关注的因素”的回答中，选住房一项9人，占4.4%；选培训计划一项的10人，占4.9%；选工资奖金一项的24人，占11.7%；选个人能力发挥项的27人，占13.2%：而选个人发展前途一项的多达126人，占61.5%。这一数据与中国青少年研究中心课题组1998年的大型调查结果非常吻合：对于“充分发挥自己的才能”问题项，6796位调查对象回答“非常重要”的占62%。

这说明随着社会的进步，新一代大学生看重经济待遇，关注生存条件，并越来越注重自我价值的实现和个人前途的发展，而且出现了价值的多元化，形成了个人价值并非一定要由经济待遇来实现的观念。

（2）注重实现自我价值和发展前途的大学生普遍具有以下特征。

① 竞争的适应能力强，喜欢具有竞争性、挑战性的工作。表9-5中，个人发展偏好指数与对竞争适应程度的相关系数高达0.663，量化后作皮尔逊相关分析显

示正向中度相关，且通过了0.05的显著性检验，这说明在95%的置信水平上，大学生要实现自我价值、注重发展前途必须增强对竞争、挑战的适应能力。

② 对所去工作单位比较了解，并且倾向于选择制度建设、职位设置和工作量安排情况比较完善的单位，从而更好地实现其价值和追求发展前途。

③ 就业准备更充分。为了统计分析大学生的就业准备情况，本次调查运用了大学生就业准备程度这一变量（为李克特量表），主要针对大学生就业的心理承受和发展规划等方面提问，包括“从学生到职业工作者的突变使我难以适应”“我对将来自己如何一步步晋升、发展有明确的设计”“自己的升迁掌握在别人手中，职业设计毫无意义”等问题，在计算总和时对负向维度的问题得分进行了转换。表9-5显示：个人发展偏好指数与就业准备成正比，皮尔逊相关系数为0.289，通过了0.05的显著性检验，因此，在95%的置信水平上，注重实现自我价值和发展前途的大学生对于就业问题在心理承受、发展规划等方面有更充分的准备。

（二）关于大学生职业设计的就业准备

1. 对就业影响较大的因素经验谈

在回答选择题“您认为对就业影响较大的因素”时，260位已确定工作单位的××届本科毕业生每人限选5项。11个备选项按选择人数的多少依次排列为：专业方向、面试时第一印象、表达能力、社会实践经验（如证明证书）、性别、指标（如留京指标）、所获奖励、文笔（如发表文章）、在用人单位有关系、政治面貌、实习鉴定。

根据××届毕业生的经验，建议大学生在就业准备时掌握必要的面试技巧，平时多锻炼人际交往能力和表达力，多参加社会实践，多积累社会经验，这些准备对于择业、就业有较大的帮助。

2. 性格对职业设计的影响

本次调查将性格由内向至外向设置为1～5，用以统计分析性格对职业设计的影响，具体见表9-6。

表9-6 性格对职业设计的影响（维度由内向至外向）

问题	艾塔系数(Eta)	联合假设检验(F-test)	泊松检验(Person'sr)	显著性(Sig)
竞争的适应程度			0.277①	0.003
对所去单位的了解程度			0.250①	0.001
就业准备程度	0.44	通过		

① 相关性在0.05水平上显著（双尾）。

表9-6中Eta为定序-定距变量的相关系数，Gamma为定序变量的相关系数，

3个统计值都通过了0.05的显著性检验；将性格、对竞争的适应程度和对所去单位的了解量化后作皮尔逊相关分析，显示为正相关，且都通过了0.05的显著性检验。因此，本次调查表明：在95%的置信水平上，性格越外向的大学生对竞争的适应程度越好，对所去单位了解程度越多，就业准备也越充分。因此，建议性格内向的大学生更要注重增强对竞争、挑战的适应程度，更加重视职业设计问题，增加就业准备的充分程度。

3. 影响就业准备的因素分析

本次调查与就业准备有关的因素从六个方面进行，见表9-7。

表9-7　与就业准备相关的因素

问题	艾塔系数(Eta)	联合假设检验(F-test)	泊松检验(Person'sr)	显著性(Sig)
对现有工作的满意度	0.436	通过		
职业设计理论的运用程度	0.449	通过		
发展规划明确程度	0.674	通过		
大学期间从事社会实践的时间			0.205①	0.003
性格	0.440	通过		
对竞争的适应程度	0.495	通过		

① 相关性在0.05水平上显著（双尾）。

本次调查表明：

(1) 职业设计对择业、就业确有意义。本次调查进行了工作满意度调查，具体为“与您同学的工作相比，您对现有工作的满意度”，将答案由极不满意到很满意设置为1至8。表9-7显示：就业准备程度与对现有工作的满意度相关系数为0.436，中度相关，量化后作皮尔逊相关分析，显示为正相关，通过了0.05的显著性检验，这说明在95%的置信水平上，大学生就业准备程度越好，在同等条件下，找到的工作越好。

职业设计不仅存在重要性，还有迫切的必要性。在对于问题项“从学生到职业工作者的突变能否适应”的回答中，完全能适应的20人，占9.8%；基本能适应的98人，占48%；中立的63人，占30.9%；而基本不能适应的22人，占10.8%；完全不能适应的1人，占0.5%。同时，在对于问题项“对将来如何一步一步晋升、发展是否有明确的设计”的回答中，完全不明确的6人，占2.9%；基本不明确的53人，占26%；中立的68人，占33.3%；而基本明确的67人，占32.8%；完全明确的仅10人，占4.9%。

(2) 性格对就业准备有较大的影响。表9-7显示：性格与就业准备程度的相关系数为 0.44，中度相关，量化后作皮尔逊相关分析，显示为正相关，通过了 0.05 的显著性检验。因此，在 95％的置信水平上，大学生性格越外向，就业准备就越充分。关于性格的具体分析请参见“2. 性格对职业设计的影响”。

（3）大学期间从事社会实践（如从事系、校学生工作）对就业准备有影响。表 9-7 显示：大学期间从事社会实践的时间与就业准备程度的皮尔逊相关系数为 0.205，通过了 0.05 的显著性检验，因此在 95％的置信水平上，大学生在大学期间适度增加社会实践的时间，能使就业准备更充分。

（4）对竞争的适应程度对于就业准备有较大的影响。在影响就业准备的因素中，对竞争的适应程度与就业准备程度的相关系数居第二，达 0.495，量化后作皮尔逊相关分析，显示为正相关，且通过了 0.05 的显著性检验。这说明，在 95％的置信水平上，大学生在职业设计的就业准备过程中如何增加对竞争、挑战的勇气、信心和能力是很重要的内容。

（5）职业设计理论的运用程度对就业准备有较大的影响。影响就业准备的因素中，职业设计理论的运用程度与就业准备的相关系数居第三，量化后作皮尔逊相关分析，显示为正相关，通过了 0.05 的显著性检验，具有推断大学生总体状况的意义。因此，运用职业设计理论进行职业生涯设计与开发对于个人的择业乃至一生的发展都有重要的意义，有利于明确人生奋斗目标，制订培训计划，从而能够自己控制自己的命运。例如，美国工程技术委员会的一项调查表明，在 65 岁以下的在职工程师中，从事管理工作的占 68％；在对工程技术人员进行职业目标的咨询中，约有 80％的人表示希望在 5 年内成为一名主管人员或经理；他们为实现此种职业生涯的目标，往往在大学学习了工程技术专业，工作几年后又进入研究生院读管理硕士，最后进入管理领域工作。运用职业设计理论规划发展方向、工作计划从而取得辉煌成就的事例举不胜举。本次调查也说明，在 95％的置信水平上，大学生运用职业设计理论对就业准备确有较大的影响。但是本次调查同时显示：205 位大学生中不知道、不了解职业设计理论的大学生有 125 位，占 61.3％，了解并能初步运用职业设计理论的有 66 位，占 32.3％，掌握并熟练运用职业设计理论的仅 3 位，占 6.4％；这与职业设计理论在实践中的重要性形成鲜明对比。因此，在大学职业设计教育中，应加强职业设计理论的学习，使大学生了解、掌握并熟练运用职业生涯的设计和开发。

（6）本次调查表明：发展规划的明确程度对就业准备影响最大。影响就业准备的因素中，发展规划的明确程度与就业准备的相关系数最高，达 0.674，量化后作皮尔逊相关分析，显示为正相关，通过了 0.05 的显著性检验，具有推断大学生总体状况的意义。但本次调查同时显示：205位大学生对将来自己如何一步一步晋升、发展没有设计的127人，占62.2%；有设计的67人，占32.8%；有明确设计的仅10人，占4.9%，这显然与发展规划的重要性又形成了鲜明的对比。因此，在大学期间的就业教育中，如何结合职业设计理论提高大学生发展规划的明确程度，使大学生普遍能够熟练运用职业设计理论，比较明确地规划工作与人生发展方向，这不仅是职业设计与择业就业的问题，更有利于大学生一生的发展。

主要结论：

(1) 传统的"官本位"观念在大学生的择业过程中仍有一定的影响，这与研究假设不符。调查表明：父母的期望和政府工作人员特殊的社会地位成为大学生择业时倾向于政府机关的外来和内在的影响根源，这一调查结果还可能与该校是一所以人文、社会、经济和管理科学为主的综合性大学这一性质有关，因此该调查报告的结论也可能更适合该院校。

(2) 新一代大学生更加关注经济待遇，注重实现自我价值和发展前途，并逐步形成人生价值并非一定要由经济待遇来体现的观念，出现了价值的多元化局面。

(3) 职业设计对大学生就业确有影响，就业准备程度越充分，在同等条件下，找到的工作越好。同时，因为多数毕业生难以适应由学校到职业工作者的变化和缺乏职业生涯设计，大学生职业设计的教育在现阶段尤其重要和迫切。

(4) 性格、大学期间从事社会实践对就业准备有影响；对竞争程度的适应和职业设计理论的运用程度对就业准备影响较大；发展规划的明确程度在本次调查中对于就业准备的影响最大。

(5) 在以上详细地分析影响就业准备的各因素的基础上，列出关于大学生职业设计的路径分析，经过回归假设和回归检验，初步建立了由发展规划明确程度、职业设计理论运用程度和竞争适应程度共同作用于就业准备的理论模型。这一理论模型的提出，从实证的角度分析了发展规划明确程度、职业设计理论运用程度和竞争适应程度对于就业准备的影响，以及3个因素各自对于就业准备的贡献；发展规划明确程度占55%，职业设计理论的运用程度占23.5%，竞争适应程度占20.8%。该模型为大学生有针对性地提高规划明确程度，学习运用职业设计理论，增加对竞争的适应程度，从而提高就业准备的充分程度提供了理论依据。

第10章 大数据引发的思维变革

大数据正在改变我们的生产、生活、教育、思维等诸多领域，以及认识、理解世界的方式，大数据颠覆了我们传统“市场调研与预测”的思维惯例。“大数据时代”的预言家维克托·迈尔·舍恩伯格曾直言：“这是一场生活、工作与思维的大变革。”那么，什么是大数据？大数据时代到底给我们带来了哪些冲击和变革呢？

10.1 大数据概念、特点及应用特征

早在20世纪80年代，美国就有人提出了“大数据”的概念。30多年来，由于信息技术的进步，各个领域的数据量都在迅猛增长，现在全世界各行各业以及学术界也不断对这个现象的应用价值进行探讨。

10.1.1 大数据的概念

根据维基百科的定义，“大数据（Big Data）”是指无法在一定时间内用通常的软件工具进行捕获、管理的数据集合。基于此，大数据业务可被定义为：以新数据处理技术为手段，在海量、结构复杂、内容多样的数据集中，以较快速度解析出规律性的预见、趋势或判断。

所以，大数据通常指的就是一种非结构化或半结构化的数据。由于大数据所涉及的数据量十分庞大，目前主流数据工具都无法在合理时间内达到获取、管理、处

理并整理成为帮助企业经营决策更积极目的的资讯。从各种类型数据中快速获得有价值的信息，并将有价值的信息转化为商业行为，大数据的商业价值显然易见。

10.1.2 大数据的特点

2015年，麦肯锡在关于大数据的报告上指出，大数据已经渗透到每一个行业和业务职能领域，逐渐成为重要的生产因素，而人们对海量数据的运用将预示着一波新的生产率和消费者盈余增长的到来。

大数据的特点可以用四个“V”来形容。

第一个是数据量（Volume）。现今大数据的数据量级别已经从TB级别跃升到PB级别，而且增长趋势还不断加快，其中非结构化数据的超大规模和增长占到总数据量的80%～90%，是传统数据库的10倍到50倍。

第二个是数据类型繁多（Variety）。从网络日志、视频、图片乃至地理位置、购买记录，数据模式不明显或无模式的数据都属于其范畴。

第三个是价值密度（Value）。以视频为例，连续不间断监控过程中可能有用的数据仅仅有一两秒，其中充斥着大量不相关信息。商业价值高，对于未来趋势与模式的可预测分析能为商业界提供使用价值很高的咨询与报告。

第四个是速度（Velocity）。处理速度快。大数据的处理都需要实时分析，数据输入、处理以及丢弃是在短期的一连串步骤中完成。总括来说，大数据就是指那些大小已经超过传统意义上的一般软件工具难以捕捉、储存、管理和分析的数据。

10.1.3 大数据的应用特征

长久以来，人们对商业数据的分析依赖于科学的取样和调查，利用各种调查手段和技术对数据样本进行处理，并且尝试利用各种方法试图增加抽样调查的精确性，有的调查甚至精确到95%以上。但是这种取样本身就有着非常多的固有局限性，比如数据样本存在误差、数据样本的以偏概全、调查数据存在时间的滞后性等。而如今，数据处理技术发展迅猛，样本数据已经逐渐走向末路，当人们可以通过感应器、手机、网站点击掌握海量数据时，那么数据取样的意义瞬间瓦解。当人们开始通过网络掌握全体消费者网络行为的时候，局部的数据调查还有什么存在意义？

（1）从数据精准到数据混杂。小数据时代由于搜集的数据信息较少，因此为了保证数据样本的有效性，人们必须尽可能抽取精准的数据，因为细微的误差就会使全体数据分析谬以千里。所以，需要运用各种方法，耗时耗力以确保数据样本尽量接近精准，而这种思维方式将在大数据时代被逐渐抛弃，这是划时代的转变。大数据时代为了获得快速的信息和掌握事情的发展趋势，人们无法确认每一个数据都是有效的，在数据的取样中难免会出现垃圾数据、数据噪声。大数据更强调数据的完整性和混杂性，以使数据调查更接近真相。

（2）从因果关系到相关关系大数据时代。人们可以更有效、更快捷地分析事情，并能预测未来。人们不需要知道飞机票的购买价格是如何变化的，但却可以通过 Farecast 大数据公司的相关关系分析出何时购买机票是最划算的。人们不需要知道甲型流感为什么会传播，但是可以通过对互联网大数据的分析得知病毒在何时何地传播，从而预防控制一场突如其来的流行病。

大数据时代的分析工具和思路帮助人们扩展新视野并且做有用的预测，通过探求“是什么”而不是“为什么”，探索事物的相关关系而不局限于因果关系，在未来可能会改变人类探索世界的方法。

10.2　“样本”到“总体”分析

从“样本”到“总体”，从分析少量的随机数据样本到分析与某事物、某件事相关的所有数据，这是大数据时代的一次思维变革。

大数据时代开始来临，互联网时代的“数字化生存”开始变成了“数据化生存”。

大数据的产生不是偶然事件。早期由于记录方式的局限性，人类对事物的探索不能全面统计，通过抽样方式只能获取一种统计意义上的精确。然而，随着计算技术的不断进步，尤其是互联网技术的出现，原本只能靠抽样获得的数据，现在却能够完全精确获取；大数据颠覆了传统“调研与预测”的思维惯例。

从“样本”到“总体”：为了对某个地区的水质进行检测，检测人员会从该地河流、湖泊、地下水中采集少量水样，最终根据对这些水样的观察、分析结果估计和推算。如某公司为了了解某款新产品在消费者群体中的影响力，让其中一部分消费者现场填写了提前设计好的调查问卷；通过分析这些调查问卷，推断出了该款产品在消费者心目中的整体印象和在市场上的总体影响力。

从“样本”分析到“总体”分析：某学校想了解高三学生在近几次模拟考试中的整体进步情况，对所有学生的各科成绩进行了横向与纵向的分析与比较，最终得知了每个学生的进步情况和所有学生的整体进步情况。如某知名搜索引擎通过收集各地用户一段时间内的所有搜索数据，并结合各地环境指数、气温变化等因素进行全面分析，就能得出某种流行病的发病概率和发病指数，从而帮助人们进行提前预防。

10.2.1　样本分析

在科学技术不发达的时代，人们对信息、数据的处理能力有限，因此会通过获取一定的样本来对事物的规律、事件的发展进行分析、预测。其中，人们要着重考虑的问题是：取多少样本才能最大限度接近于真实答案以及获得最大的可信度？

虽然随机采样在人类过去的生产、生活中扮演着重要角色，但它在实际运用过程中也存在一些不可避免的缺陷。如图 10-1 所示。

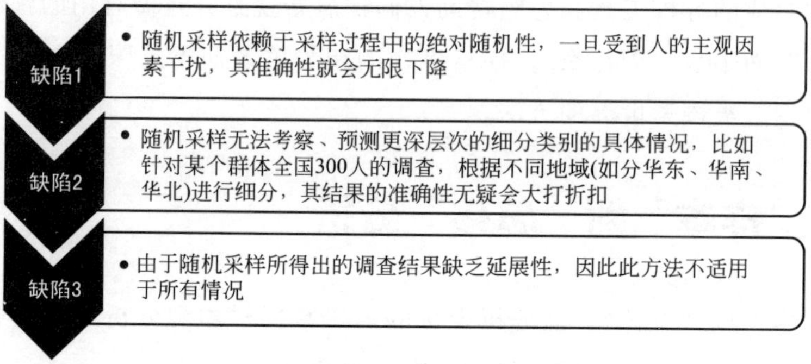

图 10-1　“样本”分析不可避免的缺陷

10.2.2　总体分析

现如今，数据处理技术已然发生了翻天覆地的变化。在大数据时代，人们可以获得不计其数甚至所有的数据，即之前随机采样中的“样本”就是现在的“总体”。当“总体”取代“样本”之后，随机采样便失去了原有的意义。

从“样本”（随机取样中的）到“总体”（大数据），“总体”分析与“样本”分析相比具有以下几点优势。见表 10-1。

表 10-1　“样本”分析与“总体”分析相比较

“样本”分析	“总体”分析
分析样本数据有可能会错过一些重要的甚至是关键性信息	分析总体数据，则可以对某种现象进行全面分析，发现样本数据所遗漏的规律或某些相关性
对样本数据进行分析往往无法捕捉到一些细节之处，而许多决定性因素常常隐藏在细节之中，这样得出的分析结果其准确性会大打折扣	通过分析总体数据，则可以从不同角度、不同层面深挖隐藏起来的细节
分析样本数据有可能使人的视野、思维局限在小范围之内，较难发现隐藏的联系	通过分析总体数据，则可以发现分析样本数据所无法获得的全新的相关性、新观点，从而发现一个未知的新世界

10.3 大数据引发思维变革

随着计算技术的不断进步，尤其是互联网云计算技术的出现，原本市场调研与预测中只能靠抽样获得的数据，现在却能够完全精确获取，甚至包括一些用传统方式统计的非结构化数据。

10.3.1 “大数据”与“云计算”

目前，对云计算的定义各有表述，但对云计算的主流理解大多建立在软件即服务（SaaS）、平台即服务（PaaS）、基础设施即服务（IaaS）这三个层次上，总体上讲，云计算通过互联网将超大规模的计算与存储资源整合起来，并以可信服务的形式按需提供给用户。

大数据和云计算之间不只具有相辅相成的紧密联系，两者之间也存在一些不同之处。

（1）概念不同。大数据着眼于数据本身，可以为数据采集、数据分析、数据应用提供有效帮助，因此，它最终改变的是业务；云计算则着眼于计算，侧重于数据计算能力，提供 IT 基础架构，关注 IT 解决方案，因此，它最终改变的是 IT。

（2）目的不同。大数据的最终目的是充分挖掘海量数据中有价值的信息；云计算的最终目的是通过互联网技术更好地调用、扩展和管理数据计算及存储方面的资源和能力。

（3）目标受众不同。大数据通常是售卖给一个企业的 CEO、业务层的产品，大数据的决策权（即数据采集、数据挖掘、数据分析、数据应用等）都在管理层、业务层手里；云计算则是售卖给一个企业的信息管理者的产品或服务，是一个进阶的 IT 解决方案。

10.3.2 大数据放大了预测的价值

大数据的核心就是“预测”。如图 10-2 所示。

一场瘟疫发生了，全球的公共卫生机构除了减慢它传播和扩大的速度之外，能不能提前预知这种病毒的来临，并有力地将其扼杀在摇篮中？

一次地震突袭了，人们除了组织紧急救援，最大限度地减少伤亡和损失之外，还能再做点什么？难道每次只能坐以待毙，听凭命运的安排？

一次消费行为完成了，这种“过去式”的行为似乎不可挽回了。可是你也许碰

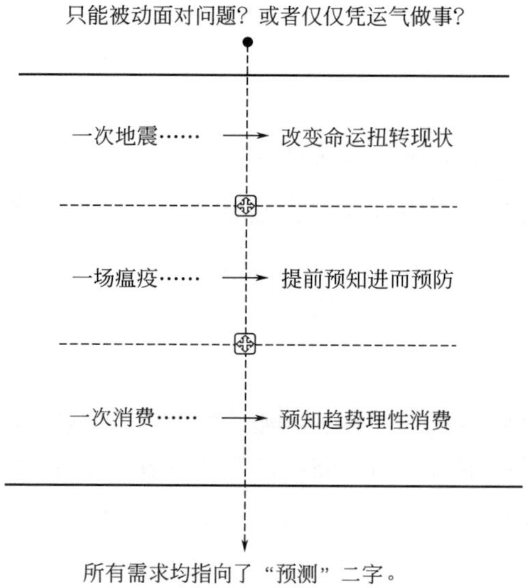

图 10-2　大数据的核心是“预测”

到过这样的情况，某件商品刚买完就降价了，这个时候你是不是十分希望自己拥有一种可以预知趋势和走向的能力？

总结过去容易，放眼现在也容易，预测未来却不容易。人们由于受到视野的局限、思维的禁锢和经验的左右，往往很难拥有一双未卜先知的“慧眼”。

但是大数据可以将这一人类行为上的“天方夜谭”变为现实。这种市场预测功能是大数据的核心，它被认为是人工智能的一部分；这种人工智能并不是要求机器可以像人一样去总结和思考，而是在海量数据的基础之上利用数学算法对其进行分析，并且最终可以预测某件事情发生的可能性。

10.3.3　大数据在运用中创造价值

大数据时代已经来临，它正在改变着人们的生活和商业模式，人们很容易就能感受到大数据给我们生活所带来的好处。当你从书本上看到了谷歌、亚马逊、微软在大数据领域中如何取得成功，亦知道了大数据运用的各种经典故事，比如“啤酒与尿布”的故事、预测流感的故事。

然而，不管是基于数据本身的公司、基于技能的公司或者是基于思维的公司，大数据价值创造都要运用来产生；大数据价值的实现最终将表现于数据分析结果的运用上，可以应用到市场调研与分析中，使企业整个价值、企业能力和创造客户价值等方面得到提升。但成功地运用大数据所需要的不仅是数据，对于数据的价值创造，需要进行预测和决策模式的判断；创造价值需要用正确的方法提取数据，以及用正确的分析方法分析这些数据，这就需要知道如何借助大数据处理系统与技术，从各类大量的信息中分离出有价值的信息。

很显然，“大数据”本身的价值是有限的，就像其他资源一样，无法“动”起来的数据也是毫无价值的。大数据的价值实现在于交易，或者经过处理、分析以后的“大数据”能给企业带来巨大的增量价值。大数据价值强调的是“有效”，对于企业来讲，在对策预测中需要决定使用何种数据，每个企业拥有的数据各不相同，差异很大，这些数据包括日志文档、客户的 GPS 数据或机器对机器的数据，每个企业需要选择用来创造价值的数据源，如何把大数据这个金矿挖出来，变成自己随时可用来交易变现的金子，是所有大数据企业的一个困局。

数据分析服务是指服务提供商对通过多种渠道获取的大数据集，运用数理统计、数据挖掘等科学方法，对数据的特点、规律、未来变动趋势进行分析与判断，把分析判断结果提供给客户的服务。专业的第三方数据分析服务，能够有效提升企业利用数据的能力，帮助企业快速掌握市场变化，深入洞察客户需求，从而迅速作出决策。

例如，互联网商情分析服务提供商，通过对来源于论坛、社交网站、微博等的海量信息进行提取和语义分析，可以得到关于某商品的品牌美誉度、客户关注度、竞争对手状态等信息的判断结果，并定期形成报告提供给该商品的厂商。

例如，厦门美亚柏科，公司旗下的网络舆情分析业务就是专门为客户提供数据分析服务的，根据客户的要求，从互联网、论坛、社交工具、新闻等媒介中获取大量信息，并根据这些信息为客户提供分析服务。

提供数据分析服务将是众多中小型创新型企业在大数据时代的掘金方向。不同行业、不同领域的数据分析差异较大，而只有专注于某一行业领域并不断积累，才能够更加高效、精准地进行数据分析，这就为数据分析企业提供了足够大的市场进入空间。图 10-3 所示为大数据处理系统与技术框架。

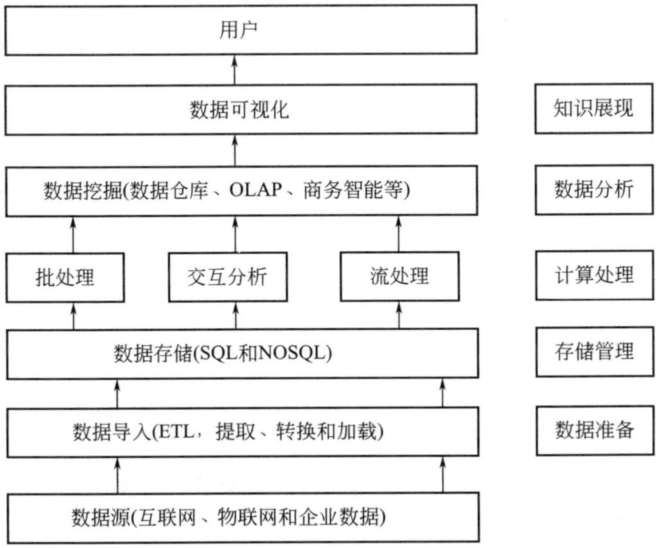

图 10-3　大数据处理系统与技术框架

10.4 本章小结

大数据正在改变我们的生产、生活、教育、思维等诸多领域，以及认识、理解世界的方式；早期由于记录方式的局限性，人类对事物的探索不能全面统计，通过抽样方式只能获取一种统计意义上的精确；然而，随着计算技术的不断进步，尤其是互联网技术的出现，原本只能靠抽样获得的数据，现在却能够完全精确获取；大数据颠覆了传统“调研与预测”的思维惯例。

从“样本”到“总体”分析，从分析少量的随机数据样本到分析与某事物、某件事相关的所有数据，这是大数据时代市场调研与预测的一次思维变革；随着计算技术的不断进步，尤其是互联网云计算技术的出现，原本只能靠抽样获得的数据，现在却能够完全精确获取，甚至包括一些用传统方式统计的非结构化数据。

总结过去容易，放眼现在也容易，预测未来却不容易。但这种预测功能却是大数据分析（挖掘）的核心，它被认为是人工智能的一部分，在海量数据的基础之上利用数学算法和大数据处理系统与技术，对其进行分析，并且最终可以预测某件事情发生的可能性。

“市场调研与预测”的消费者行为研究关注消费者行为本身，通过传统的调查问卷、焦点小组访谈、个体访问、店面观察等定性、定量调查方式和手段，采集人口统计学资料、购物行为、消费意向等信息，用于进行消费者行为的研究和分析。进入互联网时代，反映消费者行为轨迹的数据在网络上大量沉淀，基于购物网站的点击率、访问量及其他网络数据量化指标被大量采集，形成对消费者行为路径的概括和综合描述。

当下进入大数据时代，网络平台样式和消费者购物习惯多样化，需要对消费者数据的采集和行为的分析逐步扩展至更多数据源，结合购物网站、其他网页浏览信息、社交媒体平台信息、移动终端、搜索引擎等多个平台去接触消费者，挖掘数据，从而进行综合评估和分析。

从传统消费者行为研究和基于早期互联网阶段的数据采集，一直到当前大数据背景下通过对各消费者接触平台数据源整合的挖掘、建模，实现对消费者行为和意图的深入理解，经历了一个历史性的变革；当下对于大数据的深入挖掘和深度利用成为消费者研究领域的重要趋势，尤其是整合网络各个数据源，筛选有价值的分析数据，从而预测消费者前期意向、评估事后行为，成为未来市场调研与分析中消费者行为研究分析中的重要突破口和创新点。

案例分析

红领西服：用大数据来定制西服

近期，红领西服突然声名鹊起的原因，即在于解决了这一问题：用规模工业生产满足了个性化需求。其中缘由，在于其自己研发了一个个性化定制平台——男士正装定制领域的大型供应商平台红领西服个性化定制（Red Collar Made to Measure，RCMTM）。

RCMTM平台的核心是一套由不同体型身材尺寸集合而成的大数据处理系统，正是基于这套大数据处理系统，可以让红领每天生产1200套西服；红领集团常务副总裁李全柱表示：“一套西服的制作只需7个工作日，且都是一次制作完成。”

RCMTM平台有两个关键优势：首先是这套大数据系统，解决了制版问题，但大数据制版解决后还不够；其次是如何把版实现，“一件一件衣服怎么裁，裁完以后怎么把这一件一件片儿（剪裁好的材料）分配到每条线上去”，接下来还有如何缝制、熨烫、质检、入库等。

如果不是生产定制产品，工业化流水线作业很简单，因为所有产品基本都是相同的，流程和环节都很容易标准化，但定制产品是根据每个人身体数据制作的，流水线上的每件都是不同的，如何实现标准化？这就需要红领对生产线进行重新调整。

“红领工厂现有3000人，我把它当作实验室。”红领集团董事长张代理说。最初红领拿出一个班组测试，然后扩展到一条流水线，再扩展到一个车间，最后扩展到两个车间、三个车间，等于用十年时间建设了一个实验室。

如今，红领大系统中包含着20多个子系统，全部以数据来驱动运营。每天系统会自动排单、自动裁剪、自动计算、整合版型，这些原来都靠人工完成。从一组客户量体数据完成到定制、服务全过程，无须人工转换、纸质传递，数据完全打通、实时共享传输。实现“在线”工作，而不是“在岗”工作，每个员工都是在互联网终端上工作。

红领与众多服装加工厂有着显著的不同，其通过大数据系统和相应的工艺改变，实现了对传统服装企业的改造。张代理认为自己的车间不再是简单的制造工厂，而是大数据下的数字化3D打印机模式企业；自己工厂的每件衣服都是“打印”出来的。

至今红领已对数千人进行了量体培训，有人被竞争对手挖走了，但奇怪的是，竞争对手学会这套简单的量体方法之后竟然做不出合体的定制衣服。红领集团董事长张代理解释其中的奥妙说：“我要的数据，是用我的软件来读的，我有我的规则，我的代码”。在红领，当这些量体的数据输入到系统中，系统会把相应的身体特点、之前靠师傅经验做的东西，用数字化的手段予以解决。一句话，其量体数据是与大数据系统相配合的，仅学会量体方法是没有意义的，只有同时拿到其大数据系统才可以。

参 考 文 献

[1] 赵博庄，张梦取. 市场调研 [M]. 北京：北京邮电大学出版社，2004.

[2] 范伟达. 市场调查课程 [M]. 上海：复旦大学出版社，2002.

[3] 陈殿阁. 市场调研与预测 [M]. 北京：北京交通大学出版社，2004.

[4] 于翠华. 市场调查与预测 [M]. 北京：电子工业出版社，2005.

[5] 徐阳，张毅. 市场调查与预测 [M]. 北京：高等教育出版社，2005.

[6] 徐国详，胡清友. 统计预测和决策 [M]. 上海：上海财经大学出版社，1998.

[7] 赵相忠. 市场调查与预测 [M]. 重庆：重庆大学出版社，2004.

[8] 董建谷. 市场预测方法与案例 [M]. 上海：立信会计出版社，1997.

[9] 胡祖光. 市场调研预测学 [M]. 杭州：浙江大学出版社，1997.

[10] 刘玉玲. 市场调查与预测 [M]. 北京：科学出版社，2004.

[11] 陈一君. 市场调查与预测 [M]. 成都：西南交通大学出版社，2009.

[12] 李杰明，祈新娥. 统计学原理 [M]. 上海：复旦大学出版社，2006.

[13] 李世杰，王峰. 市场调查与预测 [M]. 武汉：武汉理工大学出版社，2005.

[14] 吴景禄，安群. 实用公关礼仪 [M]. 北京：北京交通大学出版社，2007.

[15] 荣晓华. 消费者行为学 [M]. 大连：东北财经大学出版社，2007.

[16] 郭强，秦琴，任怠颖. 报告撰写手册 [M]. 北京：中国时代经济出版社，2004.

[17] 蒋志华，张玉红，曾鸿. 市场调查与预测 [M]. 北京：中国统计出版社，2002.

[18] 叶叔昌，邱红彬. 营销调研实训教程 [M]. 武汉：华中科技大学出版社，2006.

[19] 张庚森. 市场营销调研 [M]. 大连：东北财经大学出版社，2002.

[20] 全洪臣. 市场调研原理与应用 [M]. 大连：东北财经大学出版社，2008.

[21] 吴达安. 市场营销学 [M]. 北京：高等教育出版社，2004.

[22] 许以洪，李双玫. 市场营销学 [M]. 北京：机械工业出版社，2007.

[23] 刘利兰. 市场调查与预测 [M]. 北京：经济科学出版社，2001.

[24] 樊志育. 市场调查 [M]. 上海：上海人民出版社，1995.

[25] 风笑天. 现代社会调查方法 [M]. 武汉：华中科技大学出版社，2005.

[26] 刘德寰. 市场调查 [M]. 北京：经济管理出版社，2000.

[27] 陈启杰. 市场调研与预测 [M]. 上海：上海财经大学出版社，2006.

[28] 田志龙. 市场研究——基本方法、应用与案例 [M]. 武汉：华中理工大学出版社，1993.

[29] 景奉杰. 市场营销调研 [M]. 北京：高等教育出版社，2001.

[30] 庄贵军. 市场调查与预测 [M]. 北京：北京大学出版社，2007.

[31] 黄丹. 市场调研与预测 [M]. 北京：北京师范大学出版社，2008.

[32] 叶明海，于磊，胡志莹. 市场调查与预测 [M]. 上海：同济大学出版社，2007.

[33] 陈友玲. 市场调查预测与决策 [M]. 北京：机械工业出版社，2009.

[34] 刘红霞. 市场调查与预测 [M]. 北京：科学出版社，2007.

[35] 蒋志华. 市场调查与预测 [M]. 北京：中国统计出版社，2009.

[36] 张灿鹏，郭砚常. 市场调查与预测 [M]. 北京：清华大学出版社，2008.
[37] 李桂荣. 市场调查与预测 [M]. 北京：经济管理出版社，2004.
[38] 许以洪. 市场营销调研 [M]. 武汉：武汉理工大学出版社，2006.
[39] 陈祝平. 市场调研与分析 [M]. 上海：上海大学出版社，2004.
[40] 简明. 市场调查方法与技术 [M]. 北京：中国人民大学出版社，2005.
[41] 笛培莉，姚飞. 市场调查与预测 [M]. 北京，经济管理出版社，2004.
[42] 欧阳卓飞. 市场营销调研 [M]. 北京，清华大学出版社，2006.
[43] 魏炳麒. 市场调查与预测 [M]. 大连，东北财经大学出版社，2006.
[44] 金勇进，杜子芳，蒋妍. 抽样技术 [M]. 北京：中国人民大学出版社，2008.